COLLECTION MICHEL LÉVY

OEUVRES COMPLÈTES

D'ALPHONSE KARR

ŒUVRES COMPLÈTES
D'ALPHONSE KARR
PUBLIÉES DANS LA COLLECTION MICHEL LÉVY

AGATHE ET CÉCILE....................................	1 vol.
LE CHEMIN LE PLUS COURT...........................	1 —
CLOTILDE...	1 —
CLOVIS GOSSELIN......................................	1 —
CONTES ET NOUVELLES.................................	1 —
LES FEMMES..	1 —
ENCORE LES FEMMES..................................	1 —
LA FAMILLE ALAIN....................................	1 —
FEU BRESSIER...	1 —
LES FLEURS...	1 —
GENEVIÈVE...	1 —
LES GUÊPES...	6 —
UNE HEURE TROP TARD................................	1 —
HISTOIRE DE ROSE ET DE JEAN DUCHEMIN...............	1 —
HORTENSE..	1 —
MENUS PROPOS.......................................	1 —
MIDI A QUATORZE HEURES.............................	1 —
LA PÊCHE EN EAU DOUCE ET EN EAU SALÉE..............	1 —
LA PÉNÉLOPE NORMANDE..............................	1 —
UNE POIGNÉE DE VÉRITÉS.............................	1 —
PROMENADES HORS DE MON JARDIN.....................	1 —
RAOUL..	1 —
ROSES NOIRES ET ROSES BLEUES.......................	1 —
LES SOIRÉES DE SAINTE-ADRESSE......................	1 —
SOUS LES ORANGERS..................................	1 —
SOUS LES TILLEULS...................................	1 —
TROIS CENTS PAGES...................................	1 —

ŒUVRES NOUVELLES D'ALPHONSE KARR
Format grand in-18

DE LOIN ET DE PRÈS (2e édition)......................	1 —
LES DENTS DU DRAGON (2e édition)....................	1 —
EN FUMANT (3e édition)...............................	1 —
LES GAIETÉS ROMAINES...............................	1 —
LETTRES ÉCRITES DE MON JARDIN......................	1 —
LA MAISON CLOSE (2e édition).........................	1 —
LA PROMENADE DES ANGLAIS..........................	1 —
LA QUEUE D'OR.......................................	1 —
SUR LA PLAGE (2e édition)............................	1 —
VOYAGE AUTOUR DE MON JARDIN......................	1 —
LE ROI DES ILES CANARIES (sous presse)...............	1 —

Clichy. Impr. PAUL DUPONT et Cie, rue du Bac-d'Asnières, 12.

ROSES NOIRES

ET

ROSES BLEUES

PAR

ALPHONSE KARR

NOUVELLE ÉDITION

PARIS
MICHEL LÉVY FRÈRES, ÉDITEURS
RUE AUBER, 3, PLACE DE L'OPÉRA

LIBRAIRIE NOUVELLE
BOULEVARD DES ITALIENS, 15, AU COIN DE LA RUE DE GRAMMONT

1871

Droits de reproduction et de traduction réservés

A JEANNE

PRÉFACE

Jeune, — parmi les hautes herbes,
Je cueillais au hasard des fleurs. . . .
Vieux aujourd'hui — je veux lier mes gerbes.
. . . .

Vieux !... c'est donc de moi que je parle. — Quand on est jeune, on pense qu'il y a deux espèces d'hommes, les vieux et les jeunes, et que par une heureuse chance, on est de l'espèce des jeunes. Sans cela, on serait plus réservé dans ses sarcasmes sur la vieillesse et sur les vieux. — On ne sème pas du crin haché dans le lit où l'on doit reposer le soir.

Et Dieu sait quels gens on appelle vieux quand on a vingt ans ! — Combien de fois alors ai-je dit, en voyant un homme de trente ans auprès d'une femme que je trouvais belle : — Ah çà ! les vieux ne prennent donc pas leur retraite ! Pour mon compte, j'ai été élevé dans le respect de la vieillesse, et j'ai toujours eu avec les vieillards une timidité que je ne puis comparer qu'à celle que m'inspiraient les jeunes filles.—Il y a longtemps que j'ai écrit : « Les vieillards sont des amis qui s'en vont; il faut les reconduire avec une politesse affectueuse. »

A quoi reconnaît-on qu'on est vieux? Les poëtes sont comme les femmes; ils ne savent pas vieillir— ils ne vieillissent pas. — Il vient un moment où, après avoir été jeunes longtemps, ils se réveillent, un matin, emprisonnés dans une vieille peau ridée, chagrinée, jaune ou couperosée; — mais seulement comme cette princesse « plus belle que le jour, » qui fut enfermée dans une *peau d'âne*. Les poëtes sont comme les gazons qui restent toujours verts, à condition de subir une fois par mois le tranchant de la faux, comme les *roses* que les jardiniers appellent remontantes, qui refleurissent à mesure qu'on les taille.

C'est sous des blessures sans cesse renouvelées qu'ils restent verts et fleuris.

Voici pour ma part à quoi je reconnais que je suis vieux; ces renseignements peuvent, au besoin, servir à d'autres et ne sont pas inutiles. Il faut se défier du cœur et de l'imagination, qui pourraient bien conduire une vieille figure dans des endroits où elle serait tristement ridicule.

Je rencontre un homme que je n'avais pas vu depuis quinze ans. Nous évoquons nos souvenirs de jeunesse; la journée se passe gaiement; il dîne avec moi sous une tonnelle de rosiers. Le soir, je le reconduis à la ville; nous nous promenons encore. —Ah! parbleu, me dit-il, il faut que nous soupions. Quel charmant repas que le souper! Il entre à son hôtel en commandant un souper... un souper de notre jeunesse, des huîtres, des écrevisses, du pâté de foie gras, du vin de Champagne frappé.

Nous continuons à nous promener jusqu'à dix heures; à dix heures nous nous mettons à table. Pour ma part, j'ai un peu sommeil; lui ne mange pas de pâté de foie gras ni d'écrevisses, c'est lourd; il a peur d'ailleurs de s'être enrhumé dans notre promenade, il garde son chapeau sur la tête; il met de l'eau dans son second verre de champagne; il se plaint des mauvais lits des auberges, au moment où j'allais rappeler les bons sommeils profonds que j'avais goûtés sur le tillac de mon canot ou sur les paquets de corde dans la cale des bateaux de pêche d'Étretat; puis il s'attriste, devient morne et s'endort.

Je le fais conduire à son lit, et je retourne chez moi assez assombri ; c'est sur le visage des autres qu'on s'aperçoit qu'on vieillit. — Cet homme a été mon camarade de collége. — Je suis resté plus robuste que lui, il est vrai, parce que j'ai toujours vécu à la campagne et dans les rudes exercices de la mer et du jardinage. Mais, comme lui, j'ai une partie de mes cheveux devenus blancs. J'ai à la barbe presque autant de poils blancs que de noirs.

Autre signe : les jeunes filles vous témoignent une confiance et une sécurité offensantes ; elles sont avec vous familières et même naturelles.

Autre signe.

On vit volontiers dans le passé ; on laisse son esprit se promener dans le jardin des souvenirs ; on trouve qu'il est meilleur de se rappeler que de vivre. Si l'on rencontre un vieux camarade, fût-ce un coquin, fût-ce un idiot, on l'accueille avec joie, on ne le laisse plus aller, on le feuillette comme un livre, comme un herbier où l'on a mis sécher les plantes cueillies sur la montagne, dans la vallée et au bord du fleuve.

Mais il est un moment où on n'a plus de ces vieux camarades : l'un est aux galères, l'autre est devenu votre ennemi.

D'autres de ces vieux camarades, — vous les avez accompagnés au cimetière, — leur âme est remontée au foyer éternel de la vie, leur corps est divisé entre l'herbe et le chèvrefeuille qui couvrent leur tombe, et la fourmi qui habite le gazon, et le papillon qui est né de la chenille qui vivait sur le chèvrefeuille, et le rossignol qui mange le papillon et les larves de la fourmi.

Et quand vous pensez à ces amis qui vous ont abandonnés, vous dites : — Heureux les morts, s'ils savent surtout qu'ils sont morts ! — Et vous vous sentez en deuil, non pas d'eux et de leur mort que vous enviez, mais de vous-même et de votre vie; et vous appréciez cette belle expression des Latins, qui disaient des morts : « Ils se sont acquittés ! »

Les autres signes de la vieillesse, je ne les dirai que quand j'aurai cinquante ans !

Aujourd'hui que je suis loin de tout, enfermé avec quelques objets d'une tendre affection, aujourd'hui que trois cents lieues me séparent des lieux où refleurissent mes souvenirs, il me plaît de laisser mon esprit franchir la mer et retourner là où j'ai souffert, et de rechercher le chemin sinueux que j'ai fait dans la vie. Les signes que j'ai laissés sur ma route ressemblent beaucoup à ceux qu'avait semés le Petit-

Poucet dans la forêt. Les bonheurs sont des mies de pain que les oiseaux ont mangées; les douleurs, des cailloux que je retrouverai plus sûrement, car les bonheurs ont été souvent des rêves, des espérances; les chagrins ont été réels et palpables. Ce sont ces bonheurs rêvés, poursuivis à travers les ronces et non atteints, que j'appelle « les roses bleues. »

Ce sont les souvenirs tristes et funèbres que j'appelle les « roses noires. »

D'autres souvenirs seront classés sous d'autres titres, à mesure qu'ils se présenteront.

I

ROSES NOIRES

Je suis heureux de ce que presque tous mes souvenirs, même les plus fugitifs, se rattachent à des choses éternelles, à des arbres, à des fleurs, à certaines rives, à certains airs de musique; de sorte que dans la campagne, où j'ai toujours vécu et où je mourrai, je les retrouve à chaque pas ainsi qu'en marchant dans les luzernes violettes et les sainfoins roses on fait lever toutes sortes d'insectes et de papillons bigarrés.

> Dans les fleurs des lilas et des ébéniers jaunes,
> De mes doux souvenirs, cachés comme des faunes,
>   La troupe joue et rit.

Il semble que nos jours passés refleurissent chaque année avec certaines fleurs.

Voici un églantier,—ô chères petites roses simples et pâles,—que de bonnes, douces et tristes choses, vous me racontez. Je n'étais pas, aux temps où vous me reportez, classé entre les célèbres amateurs de roses; je n'avais pas alors trois roses portant mon n... dans les collections; je n'avais pas de rosiers par milliers. Heureux garçon, je n'avais rien à moi, et j'étais le maître du monde, que dis-je, le monde ne contenait pas mes désirs, mes espérances et mes rêves; de toutes ces belles, doubles, riches, éclatantes roses, aucune ne vous vaut pour mon cœur, ô chère petite églantine. Hélas ! vous êtes aujourd'hui au nombre des roses noires, car je ne puis vous voir sans me rappeler mon père, un pauvre grand artiste qui m'a quitté bien vite ! Pour lui, je l'évoque encore au moyen des airs simples, naïfs, originaux, qu'il a composés, charmants et immortels oiseaux qu'il a laissé envoler, et qui, de pays en pays, de buissons en buissons, s'en vont d'âge en âge caressant les oreilles et consolant les âmes.

Nous étions enfants, mon frère et moi. Lorsque nous avions commis quelque acte de brigandage, lorsque mon père n'avait pas réussi à l'ignorer, lorsque la clameur publique l'obligeait à montrer de la sévérité, à nous punir, Dieu sait à quel point il était puni lui-même, comme il épiait le moment où nous arrivions à balbutier quelques mots inintelligibles qu'il traduisait par une expression de repentir ; alors il nous embrassait et faisait tout de suite un projet pour consoler lui et nous de la sévérité du moment.

Le plus souvent on s'en allait coucher à Saint-Maur, à deux lieues de Paris, de l'autre côté de la forêt de Vincennes. C'était alors un voyage aussi long pour le moins que d'aller aujourd'hui à Dieppe ou au Havre. On rassemblait les engins de pêche. Un fiacre nous menait à la place de la Bastille, sur laquelle nous ne pensions guère alors que mon frère, bambin de huit ans, ferait fondre plus tard la colonne de Juillet. Là, nous étions l'objet des prévenances des cochers de *coucous;* aujourd'hui aussi détruits que la Bastille. Tout était plaisir pour nous, jusqu'à la couleur du cheval qui devait nous transporter. J'aimais les chevaux blancs ; mon frère penchait pour les chevaux Isabelle ou café au lait, et mon père favorisait un peu le goût de mon frère ; cela tenait à des idées politiques de l'époque.

Des frères de mon père plusieurs étaient morts

au service de la France. Un encore vivant était retraité, capitaine de hussards et décoré. Mon père, en 1815, était allé se battre aux Buttes Saint-Chaumont contre les alliés qui ramenaient les Bourbons. Il était de ceux qui, la plupart sans le savoir, édifièrent cette mythologie napoléonienne qui, mêlée bizarrement aux idées libérales et républicaines, devait amener 1830 au bruit de la *Marseillaise* et de *Partant pour la Syrie.* Tout était alors signe d'opposition aux Bourbons : la violette fit toute sorte de mauvaises affaires, et une comédienne célèbre, mademoiselle Mars, faillit être sévèrement punie pour être entrée en scène avec une parure de ces fleurs réputées jusque-là modestes et innocentes. On coupait dans les parterres des Tuileries les *couronnes impériales*. On regrettait les chevaux café au lait de la voiture de l'Empereur, et on avait répandu le bruit dans le peuple, — le peuple obéit aux bruits plus qu'aux choses, — que Louis XVIII les avait fait égorger.

C'était pour nous un bon présage quand nous rencontrions sur la place un cocher de coucou que l'on appelait je ne sais pourquoi : « Poignée de plâtre. » Il était assez bonhomme, possédait un reste de grand cheval gris, et, attelé à côté, un tout petit cheval jaune; à celui de nous qui obtenait la faveur d'être placé « en lapin, » c'est-à-dire à côté de lui, sur la planche qui lui servait de siége, il permettait de tenir les guides, sorte de sinécure entraînant une médiocre responsabilité, car une fois entré dans le faubourg Saint-Antoine, on marchait tout droit jusqu'à Saint-Maur, et les chevaux connaissaient le chemin.

On allait bien lentement avec les coucous, mais enfin on allait et même on arrivait; mais la question était de partir.

Du plus loin que les cochers avisaient quelque chose ayant la forme d'un voyageur, ils entouraient le patient, le tiraient en tous sens, vous enlevaient de force votre paquet, votre parapluie, en accompagnant ces moyens violents de paroles douces : « Il ne manque plus que vous, et nous partons; » — c'était en effet l'espoir le plus agréable et aussi le plus trompé. — Quand on avait cédé à la nécessité de suivre l'otage de son parapluie ou de son enfant, lorsqu'on était hissé dans le coucou, on s'apercevait qu'on était seul; on voulait faire des reproches au cocher, mais il n'était plus là; il était allé se poster hors de la portée de votre voix, à l'affût d'autres voyageurs. Vous aviez beau vous égosiller, il ne daignait pas regarder de votre côté ; mais s'il ne regardait pas, il vous voyait néanmoins, car si poussé à bout, vous vous avisiez de vouloir descendre, il accourait. « Nous partons, disait-il, mon bourgeois ; j'attends deux personnes qui prennent un petit verre au café, et puis nous rattraperons le temps perdu, nous brûlerons le pavé. »

De temps en temps il amenait un voyageur qui déblatérait avec vous contre les cochers ou contre les coucous ; puis enfin, quand un complot s'était ourdi, quand vous étiez décidé, avec vos compagnons d'infortune, à le quitter, il montait sur son siége, fouettait ses chevaux en les retenant de la bride, se mettait debout, regardait par-dessus la voiture, criait : Voilà ! à un prétendu voyageur qui était censé courir après lui. Alors il arrêtait ses chevaux, descendait pour hâter ce voyageur qu'il traitait de *lambin*, et disparaissait de nouveau, en vous laissant dix pas plus loin ; mais votre énergie était amollie par ce faux départ, et vous attendiez.

Sur la fin de nos excursions, avant notre entrée au collége, mon père avait inventé quelque chose de triomphant. Quand il était avéré que le cocher abusait de la patience des voyageurs et se moquait d'eux, il prenait les guides et le fouet, et se mettait en route sans le cocher, qui était obligé de nous rattraper à la course.

A Saint-Maur, nous descendions à une auberge qui s'appelait l'*Epée de bois*.

On commandait les chambres et le dîner, et l'on descendait sous les arches du vieux pont appuyé sur une île. Il y avait deux arches sous lesquelles l'eau coulait rapide : l'une était consacrée au passage des bateaux et des trains de bois, l'eau y avait une chute d'un mètre ; l'autre abritait un moulin. Des autres arches, les unes n'avaient que quelques pouces d'eau, les autres étaient sèches ; c'était sous ces arches sèches, entre la chute d'eau et le moulin, que nous nous installions. Tous les pêcheurs reconnaîtront que la place était bonne, l'eau y formait un remous, et nous y prenions passablement de petits poissons. Mais le premier jour n'était qu'un prélude : on amorçait les places, on tirait des augures du temps et de la couleur de l'eau, puis l'on rentrait souper à l'*Épée de bois* et l'on se couchait de bonne heure. Le matin, on était réveillé bien avant le jour ; on courait prendre possession des places amorcées, et la pêche commençait ; puis on nous apportait à déjeuner. De temps en temps, nous interrompions la pêche pour faire dans le foin fleuri qui couvrait l'île une chasse aux *papillons* et aux *demoiselles*, papillons peu variés, mais charmants : l'*argus* bleu, le *citron* blanc aux taches oranges, le *souci* jaune et un peu rose par-dessous. Mais revenons à la Marne et à la pêche, car les prairies où l'on chasse aux papillons sont pour moi émaillées de tant de *fleurs bleues !* j'y ai rêvé tant de choses impossibles ! j'y ai poursuivi tant de petits papillons bleus — différents des *argus*, car, ceux-ci, je finissais par les attraper.

Il y a aujourd'hui à peu près quarante ans de ces pêches à Saint-Maur ; et quand je veux, j'entends encore le bruit du moulin, je vois l'herbe aquatique qui rendait les arches glissantes, je vois surtout un églantier sauvage qu'un oiseau sans doute avait semé entre les fentes des pierres du sommet de l'arche du milieu ; les longues branches de cet églantier retombaient jusqu'à deux mètres peut-être au dessus de l'eau, qui, bouillonnant et sautant, lançait une poussière humide jusque sur les fleurs roses ; de temps en temps, quelque pétale détaché par le vent tombait sur l'eau, était emporté par le courant.

Je le disais tout à l'heure, j'ai aujourd'hui autour de moi les plus beaux rosiers par milliers ; s'il naît, en quelque coin du monde, une rose d'une forme inusitée ou d'un coloris nouveau, je reçois un des premiers une « lettre de faire part » de l'heureux père de la rose.

Eh bien! toutes ces roses ne peuvent lutter contre la petite églantine du pont de Saint-Maur.

J'ai depuis compté « pour un homme » sur les bateaux des pêcheurs d'Étretat. Il y a peu d'années encore, j'avais à moi d'excellents canots sur les côtes de l'Océan, des agrès et des engins de pêche de toutes sortes. Je prenais à la ligne des poissons de soixante livres, je rentrais parfois avec ma barque pleine de bars, de mulets, de maquereaux, de soles jusqu'aux genoux.

Eh bien! cela ne tient presque aucune place dans mes souvenirs, et s'efface à côté de mes pêches de gardons et de goujons sous les arches du vieux pont de Saint-Maur.

Chose plus étrange, phénomène plus curieux encore de la mémoire et des souvenirs : longtemps après, croyant ma vie fixée par des filets que l'on m'avait fait prendre pour des devoirs; acceptant une existence consacrée à d'autres, ne voyant plus pour moi aucun but, aucun intérêt dans l'avenir, je voulus me rapprocher des souvenirs de mon enfance, et c'est à Saint-Maur que j'allai demeurer.

La Marne, en cet endroit, forme une presqu'île. C'est sur le point opposé au vieux pont de Saint-Maur, à sept lieues par eau, mais à cinq cents pas par terre, que je pris une petite maison. Là, je passai quelques mois en proie à une guerre dans laquelle, désarmé par la faiblesse de mes adversaires, je reçus naturellement tous les coups. J'y subis en quelques mois plus de petits laids chagrins qu'il n'en semble pouvoir tenir en six ans. Eh bien, ces deux séjours à Saint-Maur sont restés plus différents, plus éloignés l'un de l'autre que ne le seraient Naples et Stockolm. Voici la première fois que je les réunis dans ma mémoire.

— O mon cher père! ton portrait fait partie des trois ou quatre trésors que j'ai emportés de France; mais je n'ai pas besoin de ce portrait pour t'évoquer. J'ai ici quelques airs écrits par toi; de loin en loin je me les fais jouer. Mais que de conditions il me faut pour qu'on me semble digne de me les faire entendre. Aussi y a-t-il bien longtemps que je n'ai eu cet âcre et poignant plaisir. O vous qui lisez ces lignes et qui perdrez quelque personne chérie! je puis vous donner une bonne nouvelle : c'est qu'on ne se console pas; c'est qu'on ne perd pas tout et qu'on garde toujours jeunes et vivants le souvenir et la douleur. Les années passent, les chèvrefeuilles poussent sur la tombe et la cachent sous des guirlandes fleuries ; mais, vers la fin du jour, l'odeur du chèvrefeuille s'exhale comme une âme, vous émeut, vous plonge dans l'extase et vous enivre ; vous voyez apparaître vos chers morts qui vous caressent d'un regard de tendre pitié, vous qui n'êtes pas encore quittes de la vie

II

ROSES NOIRES

Un autre de ces musiciens dont l'âme vit après eux et parmi nous dans leurs touchantes mélodies, comme s'ils avaient lâché, en partant, dans les bois, des fauvettes dont ils étaient la cage, était *Frédéric Bérat*.

Aux artistes et aux écrivains, les bourgeois et les gens du monde reprochent souvent leur orgueil. — Êtes-vous donc exempt de vanité, monsieur le comte, monsieur le millionnaire, monsieur le dandy? monsieur le comte qui portez assez mal un nom illustré par un homme mort il y a sept ou huit cents ans; monsieur le millionnaire, qui aimez bien qu'on sache combien vous avez d'argent, mais qui ne diriez pas volontiers comment vous l'avez eu; monsieur le dandy, qui n'avez à vous ni une figure, ni une démarche, ni une manière de penser.

Mais que dis-je, ce reproche est souvent adressé aux artistes et aux poëtes par des gens qui ne sont pas *comtes*, mais ont frauduleusement ajouté un *de* à leur nom; par des gens qui ne sont pas millionnaires, mais ont rapiné quelques milliers de francs qu'ils mangent pingrement dans un coin; par de faux dandys à la suite qui ne reçoivent pas même directement les ordres des tailleurs.

Sur quoi se fonde votre vanité à vous? Qu'êtes-vous à dix pas de vous, de l'autre côté du mur de votre maison? Qu'êtes-vous trois jours après votre mort?

Le poëte, le musicien, charme ou domine par son génie,— et dans tout l'univers et dans tous les temps, à cent lieues, à mille lieues de lui, de même que longtemps après sa mort.

J'avais connu Frédéric Bérat par les frères Johannot, avec lesquels il était intimement lié; un hasard m'avait fait connaître les Johannot. J'avais à peine vingt ans, un atelier de peintre se trouva vacant dans une maison où j'occupais une mansarde. En général, j'aime mieux les peintres que la peinture, de même que j'aime mieux la musique que les musiciens. J'avais déjà eu quelques jeunes peintres pour camarades ; ils cherchent, ils étudient, ils aiment les mêmes choses que nous ; comme nous ils ont des aspirations vers un idéal qu'ils n'atteignent pas, mais dont ils approchent peut-être encore plus que nous ; si depuis j'ai dû beaucoup aux peintres, avec mes premiers camarades, je n'avais guère encore pris que le désir d'avoir un atelier. Ces grandes pièces d'où le jour vient d'en haut donnent à tout du relief et de la solennité ; de plus, on est mieux enfermé, plus séparé que dans les logis à fenêtres qui permettent de voir dehors.

L'atelier que j'avais en vue rue de la Ferme-des-Mathurins avait appartenu et appartenait encore pour quelques mois aux frères Johannot, qui n'étaient déjà plus que deux. Un frère, que je n'ai pas connu, leur avait montré le chemin de la tombe où tous trois devaient arriver frappés du même mal.

Ils avaient quitté l'atelier et demeuraient rue Verte, en attendant qu'on leur achevât un autre magnifique atelier dans le haut de la rue du Rocher. J'allai rue Verte ; je ne trouvai qu'Alfred. — Tous deux nous fûmes surpris à l'aspect l'un de l'autre.

Il y avait entre lui et moi une ressemblance de visage qui ne frappait pas tout le monde autant que nous, mais que tout le monde reconnaissait quand on était averti. Nous en fûmes l'un et l'autre très-impressionnés. Cette ressemblance, hélas! ne tarda pas à diminuer et à s'effacer presque entièrement, — ma vie aux champs sur l'eau et dans l'eau, — celle d'Alfred toujours enfermé dans l'atelier qu'il ne quittait déjà presque plus, devaient modifier rapidement notre aspect. Non pas qu'Alfred fût encore près de partir; mais il avait peur de ne pas faire assez pour son art, qu'il adorait; et quand on lui proposait quelque distraction extérieure, il lui arrivait parfois de répondre simplement et avec un sourire : « Oh! moi! je n'ai pas le temps de m'amuser. »

J'ai gardé, et je garderai pendant tout le temps qui me reste à vivre, un souvenir doux et triste de ces deux frères qui devinrent pour moi des frères chéris.

Un de leurs amis les plus intimes, de leurs visiteurs les plus assidus, était Frédéric Bérat.

L'atelier du haut de la rue du Rocher était presque dans la campagne, il était du moins dans les champs ; quelques jardins détruits, sur l'emplacement desquels on a depuis élevé des rues, entouraient les quelques maisons bâties çà et là par les premiers acquéreurs des terrains. Dans cet atelier, les deux frères peignaient en fumant et en causant. De temps à autre l'un venait derrière l'autre, appréciait, louait, blâmait, donnait un conseil, puis retournait à son chevalet.

Dans un coin de l'atelier était un piano. Tous deux en jouaient agréablement, comme de vrais Allemands qu'ils étaient, du moins comme moi, par leur origine. Mais ce piano était surtout réservé à Bérat, qui venait souvent le soir avant d'aller dans le monde. C'était là qu'il apportait ses chansons fraîches écloses ; c'était là qu'il les faisait entendre pour la première fois, parce que c'était là qu'il désirait surtout le succès.

Bérat avait peu ou point de voix, et chantait cependant d'une manière ravissante les mélodies simples, originales, expressives et bien senties, et les paroles qu'il faisait toujours lui-même, paroles le plus souvent inférieures aux airs, mais leur allant si bien, s'effaçant si modestement, qu'il ne serait venu à l'esprit d'aucun homme sensé d'en désirer d'autres ; car d'autres, eussent-elles été meilleures, n'auraient pas été si bien. Puis, quand il nous avait fait pleurer, il en était si content, qu'il nous faisait rire par quelques lazzis. Nous nous en irritions. — Voyez ces musiciens, ça fait de belle musique bêtement, comme les pommiers produisent des pommes. Cet homme, qui a fait un si grand nombre de ravissantes choses que l'on chante encore, et que l'on chantera toujours, excellait également à imiter la mouche bleue à viande. C'était tout un drame en musique, joué avec les dents et le bout de la langue. La mouche libre, cherchant, trouvant sa proie; la mouche tombant dans une toile d'araignée, puis s'échappant; la mouche sur les vitres qu'elle cognait de la tête et la mouche attrapée bourdonnant dans les mains de celui qui l'a prise. Tout était merveilleusement rendu. Certes, aucun des petits chefs-d'œuvre de Bérat n'a dû lui coûter autant de peine et d'études que ce talent d'imiter la mouche bleue dont il était un peu fier, et dans lequel seulement il s'accordait à lui-même une supériorité incontestable.

Quelquefois il restait très-tard à jouer aux échecs avec Tony. Ils n'étaient tous deux que d'une force médiocre, mais ils jouaient avec un grand acharnement, et se séparaient souvent un peu fâchés, faible ressentiment qui durait moins longtemps que le cigare que Bérat allumait en partant et qui jamais n'a laissé de traces jusqu'au lendemain. Le plus souvent Bérat emmenait Tony dans le monde, et si Alfred n'était pas fatigué, je restais avec lui. Souvent Tony me trouvait encore là à une heure du matin. Nous avons quelquefois passé des nuits entières à causer à cœur ouvert et épanché. Il avait quelques années de plus que moi, et il avait le sentiment qu'il s'en irait bientôt. Nous parlions de l'amour, de la nature, lui en homme qui va leur dire adieu, moi en homme qui leur consacre sa vie. Et le lendemain tous deux nous essayions de reproduire nos pensées, lui avec le pinceau, moi avec la plume. — Quelle douce et noble vie! comme nous étions loin du monde — et de la foule!

III

ROSES NOIRES

La musique d'un musicien ne prouve pas plus que la physionomie d'une femme.

Une femme a mis, un jour, par hasard, un air inspiré ou mélancolique sous un bonnet ou un chapeau neuf. Elle a trouvé que cet air lui allait bien; elle l'a gardé ou, du moins, elle le remet de temps en temps; elle le conserve dans son arsenal. Mais cela ne prouve pas qu'elle est inspirée et mélancolique; c'est une manière d'être jolie, et voilà tout.

Bérat, l'auteur de *A la frontière, Celle que mon cœur sait aimer, Adieu, mon fils*, etc., était *ex æquo* avec mon frère Eugène le plus grand rieur que j'aie

jamais connu. Il est vrai qu'il est l'auteur de :
l'Amour, quéqu' ché qu' ça, de *Mon Pétit Pierre*,
de *Nous avont-y ri, nous avont-y bu,* etc.

Un jour qu'il avait dîné je ne sais où avec Tony,
ils se trouvèrent ensemble sur la place de la Madeleine. Bérat avisa un *monsieur* appuyé sur la rampe
du marche-pied de l'omnibus de la Bastille. Il dit à
Tony :

— Permettez, mon ami, il faut que je parle à ce
monsieur.

— Vous le connaissez ?

— Non.

Un trait curieux de l'amitié des deux Johannot
l'un pour l'autre, est que chacun d'eux ne tutoya
jamais que son frère, naturellement personne non
plus ne les tutoyait.

— Monsieur, dit Bérat à l'inconnu, vous paraissez
attendre le départ de l'omnibus?

— Oui, monsieur, reprit l'autre un peu surpris.

— Votre intention est de monter dans la voiture
sur laquelle vous vous appuyez?

— Oui, monsieur.

— Laquelle voiture va à la Bastille?

— Oui, monsieur; mais pourquoi ces questions?

Ici, Tony voulut entraîner Bérat; — mais celui-ci lui dit à l'oreille :

— Écoutez-moi; il s'agit peut-être de la vie d'un homme.

Et s'adressant de nouveau au bourgeois :

— Monsieur, la voiture ne partira pas avant dix minutes.

— C'est probable, monsieur.

— Vous avez le temps de m'écouter?

— Ça dépend de ce que vous avez à me dire.

— Quelque chose de très-intéressant, monsieur. J'ai dîné avec M..., qui est mon ami, chez un autre ami qui a très-bien fait les choses. Je vous donnerai la preuve de confiance de vous avouer que je suis ivre. Mais, monsieur, ne vous fiez pas à ce que je suis petit, tout rond ; à ce que je suis très-bien mis et tiré à quatre épingles. Monsieur, j'ai le vin terrible. Quand je suis ivre, monsieur, ma vie ou celle d'un autre ça a l'importance de la cendre de mon cigare.

— Où voulez-vous en venir ?

— Allons, mon ami, dit Tony, laissez monsieur tranquille.

— Où je veux en venir? Vous, monsieur, vous allez le savoir, et vous le sauriez déjà sans mon ami qui m'a interrompu, ce que je le prie de ne plus recommencer. Vous voulez aller à la place de la Bastille, n'est-ce pas?

— Oui, monsieur.

— Dans cette voiture ?

— Oui, monsieur.

— Eh bien ! moi, j'ai décidé que vous monteriez dans une autre voiture et que vous iriez à la barrière de l'Étoile.

— Vous êtes fou, monsieur.

— Vous êtes bien élevé et fort poli, monsieur : je ne suis pas fou, je suis ivre, ce qui est beaucoup plus honteux. —

Eh bien, monsieur, vous un homme raisonnable, vous un homme sobre, allez-vous vous compromettre avec un homme pris de vin? Vous ne seriez pas excusable... Je n'ai pas ma raison et vous avez toute la vôtre. Pensez donc que, dans l'état où je suis, je pousserai au besoin les choses à l'extrême. J'emploierai la violence, monsieur, vous vous fâcherez, vous me demanderez raison : tant mieux, ça me va. Moi qui ai horreur du bruit quand je suis à jeun, moi qui ai un mépris souverain pour le duel, eh bien, je suis une bête sauvage, je suis un héros quand j'ai bu.

Supposons que vous me refusiez, — rien ne me fera céder, — je vous arracherai du marche-pied, nous nous battrons demain. Si vous me tuez, vous aurez des remords éternels d'avoir accepté une querelle avec un homme dans l'état où je suis; si je vous tue, voyez comme ce sera bête : quoique mis sans goût, vous êtes vêtu cossument, vous paraissez un homme à votre aise ; vous êtes sans doute époux et père, et vous laisserez un orphelin et une veuve à consoler... Pourquoi?... Pour avoir fait du point d'honneur contre un homme ivre ! Allons donc! ça ne se peut pas.

Il faut penser que ce dialogue était entrecoupé d'interruptions de Tony. Toujours est-il que l'inconnu finit par céder et monta dans l'omnibus de la barrière de l'Étoile. J'espère qu'il sera descendu en route.

Beaucoup de chansons de Bérat ont couru le monde, ont été chantées par vous sans que vous sachiez à qui vous les devez. C'est ainsi que, pendant dix ans, sur les théâtres de province, on a chanté la *Lisette* de BÉRANGER sans mettre sur l'affiche le nom de Bérat, et tout le monde la croit de Béranger jusqu'au moment où quelqu'un fait remarquer qu'elle contient un éloge de Béranger que celui-ci n'eût osé ni écrire ni signer. Du reste, outre un air très-bien fait, la chanson, sous le rapport des paroles, ne serait pas entre les plus mauvaises de l'heureux chansonnier qui a eu son immortalité de son vivant. Je ne prétends pas tout à fait qu'il ait précisément placé sa gloire à fonds perdu, mais cependant il a joui d'un revenu supérieur au capital. Les exemples du contraire sont beaucoup moins rares, je citerai Balzac qui prend sa place, et Frédéric Soulié qui n'a pas encore la sienne.

J'étais déjà retiré au bord de la mer, en Normandie, lorsque j'entendis une femme chanter un air qui me plut infiniment. Je la priai de le répéter. — Mais, dit-elle, comment ne le connaissez-vous pas? il est d'un de vos amis, de Frédéric Bérat.

J'écrivis deux lignes à Bérat pour lui conter la chose et lui demander la chanson de sa main. Il me l'envoya avec ces mots : « Mon cher paysan, je vous serre la main de toutes *vos* forces. »

Il est venu une fois passer quelques mois dans ma retraite et il en a daté quelques chansons. Tony Johannot, cet été-là, avait loué une petite maison à Sainte-Adresse. Nous plaisantions souvent Bérat de son peu de goût pour la campagne, Bérat qui, né Normand, a mis quelquefois une senteur d'ajonc si douce dans ses mélodies. On se serait bien trompé si l'on avait voulu deviner Bérat par ses chansons. Rien ne nous faisait plus rire que de l'entendre chanter :

> J'ai vu les monts de l'Helvétie,
> Et ses chalets et ses glaciers.
> . . . .
> Et Venise et ses gondoliers.

Bérat n'avait rien vu de tout cela et ne se serait pas dérangé pour le voir. Il aimait Paris passionnément. Ce qui nous faisait plus rire encore, c'était un couplet d'une de ses plus jolies chansons :

> Adieu, bords chéris de la Seine.

Le couplet si gai pour nous est celui-ci :

> Sur le penchant d'une colline,
> Au temps heureux de mes amours,
> J'avais fait choix d'une chaumine
> Où j'espérais finir mes jours.

C'est que ce ton mélancolique formait avec ce visage épanoui, ce sourire fin, les disparates les plus étranges. Nous nous amusâmes alors à faire des commentaires sur ce couplet, et établir ces disparates.

« Une colline ! » Bérat, petit et gros, avait horreur des montées et des descentes.

Il n'y avait pas dans le couplet un seul mot qui pût s'appliquer à lui. « Espérer finir ses jours dans une chaumine !.... » Nous avions eu tant de peine à le décider à venir passer un ou deux mois à Sainte-Adresse ! Là, il se levait à neuf heures et demie, ne paraissait qu'avec un col et une cravate blanche et des bottes vernies, craignait le soleil, la pluie et le vent, ne voulait pas sortir avant les repas de crainte de les retarder, ne sortait pas après pour ne pas troubler sa digestion. Lorsqu'il arriva, nous fîmes le complot, Tony et moi, de l'empêcher pendant huit jours de voir la mer. Je demeurais à deux cents pas de la plage, et, sans des peupliers que j'avais plantés pour abriter mon jardin du vent d'ouest, Bérat l'aurait regardée à son aise de sa fenêtre.

J'allais lever mes filets trois heures avant son réveil ; je les replaçais après le dîner « heure du serein. » Nous n'avions à nous occuper que des quelques heures qui s'écoulaient entre le déjeuner et le dîner ; trois ou quatre fois, pendant les huit jours, il dit : « Ah ça! allons donc un peu voir la mer. » Mais Tony proposait une partie d'échecs et moi une partie de boules, et il ne pensait plus à la mer, qu'il ne vit que le neuvième jour. Bérat, comme Normand, se croyait le droit d'être fort aux boules, jeu très en usage en Normandie. En vérité, il ne jouait ni mieux ni plus mal que moi; mais au commencement, comme nous jouions sous de vieux arbres de mon jardin, je connaissais les pentes et les anfractuosités du terrain, ce qui me donnait sur lui un avantage assez déshonnête, j'avais voulu lui rendre des points, mais il s'était offensé; nous jouions d'ordinaire avant le dîner, et l'enjeu consistait en trois cigares que l'on devait fumer après. Pendant quelques jours, Bérat perdit les trois cigares; puis il s'irrita et voulut jouer quitte ou double. Il vint un moment où il me devait quatre ou cinq cents cigares; à 25 centimes l'un, cela aurait fait plus de 100 francs. Ce fut moi alors qui voulus jouer quitte ou double jusqu'à ce que je les perdisse. Mais, en même temps que mon adversaire faisait connaissance avec le terrain, son jeu devenu plus important l'animait et lui ôtait le sang-froid.

Je n'avais plus qu'une ressource pour ne pas gagner sur mon hospitalité — c'était de pousser la dette à l'absurde. — Quelquefois il disait : *Liquidons.* —Alors, disais-je, vous vous déclarez vaincu, vous reconnaissez que vous n'êtes pas capable de jouer avec moi ?

— Jamais !

— Eh bien ! jouons deux cents — trois cents — six cents cigares.

Il ne gagnait une partie que de loin en loin, diminuait sa dette de quelques centaines, mais ne tardait pas à l'augmenter.

Quand il retourna à Paris, il me devait près de 5,000 cigares. Il m'annonça d'un air grave qu'il entendait les payer. Je lui fis accepter l'arbitrage de Tony, arbitrage contre lequel nous nous étions engagés par écrit à n'élever aucune réclamation.

Tony prononça ainsi : A prendre d'aujourd'hui et à toujours — chaque fois que Frédéric rencontrera Alphonse — le jour ou la nuit — sur terre ou sur mer — dans la rue ou dans un salon — il s'approchera de lui la tête nue — tirera respectueusement son étui à cigares et lui dira : Mon maître, voulez-vous accepter un des cinq mille cigares que vous m'avez gagnés.

Nous nous rencontrions rarement. — Bérat restait à Paris et moi au Havre, mais comme j'allais de temps en temps à Paris — Bérat s'amusait à saisir les occasions les plus cocasses, les plus inopportunes, les plus imprévues pour exécuter la condamnation — à tel point que je le priai plusieurs fois d'y renoncer — mais il était inflexible. J'ai été condamné, disait-il, j'ai le droit de subir ma peine — personne ne m'en empêchera.

Pendant qu'il était chez moi — on vint me chercher un matin. — Un navire venait de se jeter dans les rochers, sous la Hève. L'équipage s'était sauvé, mais on pensait bien que le bateau serait perdu. Je courus jusque-là avec une bouteille de genièvre et du pain; — les matelots naufragés étaient couchés sur la côte et regardaient tristement la mer furieuse briser leur navire. Il était pris entre des rochers inabordables. — A chaque lame qui arrivait jusqu'en haut des mâts, on entendait un craquement — puis un mât ou un autre agrès, ou une planche, se détachait et était jeté à la côte ou emporté au large. C'était un spectacle triste mais imposant — on ne pouvait s'empêcher d'admirer la puissance de la mer qui dépeçait en quelques heures ce bâtiment aux murailles de bois. Je crus qu'il était de mon devoir d'hôte de faire assister Bérat à ce spectacle — je détournai difficilement un gamin de l'espoir de quelques débris — et je l'envoyai porter chez moi un mot pour lui. — Bérat ne vint pas et il me répondit au crayon :

« Rien de ce qui se passe avant neuf heures du matin ne me regarde et n'a d'intérêt pour moi. Vous me ferez plaisir de m'avertir du premier sinistre qui aura lieu entre midi et quatre heures. »

. . . .

Je ne sais quel intérêt ces souvenirs auront pour mes lecteurs — mais j'éprouve un grand charme à retourner ainsi dans la vie avec les amis que j'ai perdus — à me promener avec leur souvenir dans les sentiers où je me suis promené avec eux.

De ces trois amis, Alfred Johannot est mort le premier. Comme nous le conduisions au champ des morts, quelque formalité fut cause que la bière resta quelque temps sur le bord de la fosse. Malgré l'assistance nombreuse — il régnait un grand silence; — en levant les yeux, je vis en face du cercueil, J. Janin, avec lequel j'étais brouillé depuis longtemps. Nous étions là réunis dans la même douleur. — Je lui tendis la main par-dessus le corps d'Alfred — et sans nous dire un mot, nous fûmes réconciliés.

IV

ROSES BLEUES

Je ne sais rien de si embarrassant que de raconter ses « bonheurs, » — et je ne conseille à personne de s'y exposer légèrement ; — à ses amis mêmes, il est prudent de ne confier que « ses chagrins. » C'est ce qui termine si tristement la vie d'atelier et toutes les camaraderies ; tant qu'on ne possède que des espérances, on les partage volontiers. — Ainsi, tout va bien dans une de ces hordes de soldats de fortune qui habitent un atelier de peintre et de sculpteur ou une mansarde de poëte et de musicien, tant qu'on rapporte au logis des espérances déçues et des désappointements. — Mais si quelqu'un de la bande rapporte un jour quelque gâteau réel, palpable et sérieux, — voyez comme par un instinct secret il commence par faire de grosses parts à tout le monde, pour se faire pardonner celle toute petite qu'il se réserve ; — comme il a encore, après cela, la conscience qu'il n'est pas pardonné, comme il grignotte d'un air indifférent et dégoûté ce morceau de gâteau qu'il trouve exquis, comme il fait semblant de le trouver fade, ou sentant le beurre rance, — ou bien encore, comme il fait semblant de croire qu'il n'a pas mérité cette bonne chance, — cette tuile heureuse ; comme il est humble, soumis, obséquieux, — comme il se sent criminel aux yeux des autres.

Antoine le peintre est invité à dîner chez un grand seigneur qui a vu un tableau de lui. — C'est la première fois qu'on prend Antoine au sérieux, — c'est le premier signe qui lui dit que peut-être il ne gâte pas les toiles qu'il couvre de couleur ; — il est heureux, il est ivre. — Oh! mon Dieu! est-ce que ces beaux rêves de talent, de gloire, seraient près de se réaliser? est-ce que je serais un peintre?

Le premier ravissement passé, il s'agit d'annoncer l'événement à l'atelier; il se prépare à jouer la fausse modestie, mais elle ne trompera personne, — elle irritera. — Un voile s'est subitement déchiré — il voit pour la première fois quelques replis du cœur humain ; la fausse modestie prendrait un air indifférent et dirait : — A propos — j'oubliais, je dîne chez un monsieur, — le comte Vilhem, je crois, une manière de grand seigneur, peut-être un farceur et un baron de Wormspire ; — il protége les arts, — un ami lui a mis dans la tête de voir quelque chose de moi ; — ma foi tant pis pour lui — avec un beau cadre ça fera assez d'effet dans un salon. — Ça m'ennuie assez d'aller là, — mais mon ami a promis, ça le fâcherait, etc., etc. Le procédé consiste à diminuer d'abord soi-même, puis le grand seigneur, puis sa propre joie ; après quelque hésitation, il fait mieux, il a recours *à la charge*.

Ohé ! les autres, si vous croyez que je dîne ce soir à la gargotte avec un tas de truands comme vous, vous vous trompez joliment. — Je rentre dans mon élément. — Je dîne chez un seigneur de mes amis, un boyard, un shah, un bey, — trois cents millions de revenu, — un admirateur de notre génie, il a vu de nos tableaux, et il s'est écrié : — Rembrandt, Raphaël et le Titien renaissent en un seul homme ! — Salut à ce nouveau peintre ! — Que l'on m'obtienne un tableau de lui, et je ne croirai pas le payer trop cher de la moitié de ma fortune,

— et si j'ai la pingrerie apparente d'en garder mesquinement la moitié, — c'est que je consacre le reste pour acheter un cadre digne du tableau.

— Allons plus de charge, dit un des rapins d'un air inquiet. Qu'est-ce que ça veut dire?

— Mais rien autre chose que ce que je dis. — Le jour de la justice est enfin venu, un appréciateur éclairé a vu un de mes tableaux, — il veut être le premier à saluer la gloire de la peinture moderne. Mais je ne serai pas fier dans la prospérité : — je ne vous oublierai pas, — vous pourrez toujours me voir, — j'aurai un jour pour vous recevoir. — Je n'ai pas besoin de dire qu'on soignera un peu sa mise et son langage, quand on sera admis dans mes salons.

Puis, un peu après, contraint, par la curiosité haletante des camarades, de parler plus clairement, il dit le plus simplement possible qu'on va peut-être lui acheter un tableau, et il fait semblant de ne voir là qu'une bonne chance d'argent. Il feint d'être avide. Ne pouvant diminuer la bonne chance, il se diminue lui-même, il se calomnie.

Le soir, en rentrant, il dira qu'il s'est ennuyé, que le dîner était mauvais, — le grand seigneur ridicule.

Ah! pauvre cher artiste, que ton premier bon-

heur te coûte cher ! — quelle affligeante découverte
tu fais dans la vie! — et comme l'instinct de la
conservation t'a appris une triste escrime ! Tout ce
que je viens de dire est pour arriver à ceci : —
Comment ose-t-on raconter un succès d'amour?

Heureusement que je n'ai pas cet embarras ; —
ce pauvre bouquet de roses bleues se compose de
fleurs rêvées, — tout au plus entrevues, respirées
de loin, — que j'aurais peut-être cueillies.

D'ailleurs, s'il ne s'agit pas toujours et exclusivement de femmes dans ces bonheurs visés de
trop loin, et mal visés, — ou visés là où ils n'étaient pas, — ou simplement non atteints, parce
qu'ils n'étaient pas, — les femmes y jouent, ou
plutôt la femme y joue le plus grand et le plus fréquent rôle, je l'avoue. Et, en cela, je cours un autre
danger. — Notre époque est trop corrompue pour
ne pas être austère ; c'est un phénomène qui se reproduit à toutes les époques analogues. Jamais la
morale de papier et les moralistes de plume n'ont
été si terriblement sévères ; — l'amour surtout a le
privilége d'exciter leur haine officielle. Et combien
j'en sais de ces docteurs ès bégueulerie qui jettent
les hauts cris quand on raconte une bonne petite
histoire d'amour ! — en grande partie parce que

leurs amours, à eux, ne pourraient pas se raconter.

Soyez donc un peu plus indulgents pour l'amour, — et ayez moins d'admiration pour la haine et ses effets. — Réservez donc vos foudres pour les ambitieux, pour les conquérants, pour les avares, — dont le bonheur fait du malheur d'autrui ne peut exister qu'en humiliant, qu'en tuant, qu'en ruinant les autres. — Et laissez tranquille ce pauvre amour, qui seul donne des plaisirs et des bonheurs qu'on ne peut goûter sans les faire partager à un autre.

— Ne dégoûtez pas de l'amour les hommes plus forts que vous, qui, sans l'amour, vous vaincraient et vous battraient partout. C'est l'amour qui leur fait préférer les rives des fleuves et l'ombre des saules et des tilleuls aux divers champs de bataille où leur absence vous fait des victoires faciles.

Quand la Providence voit naître dans une journée un homme supérieur aux autres, elle regarde un moment avant de le lancer au milieu de la foule, et elle réfléchit; a-t-elle besoin de diminuer le nombre des hommes, ou d'abattre leur orgueil? — elle le laisse partir tel qu'il est. — Comme elle fait naître un brochet dans un étang où il y a trop de carpes; — il devient conquérant, — politique habile et ambitieux. Mais si, au moment de la naissance de ce seul échantillon, tout est à peu près en équilibre, — elle avise que cet homme trop fort pourrait casser ou déranger quelque chose dans l'économie du monde, elle lui dit : Tu seras amoureux ; — et alors elle le laisse sans crainte ; l'amour emploiera, limitera et annulera sa force. — En fait d'amour, il n'y a rien de si faible que l'homme fort. Dalilah remet Samson au niveau des autres hommes. — Hercule n'est vaincu que par Déjanire, l'amour et la jalousie. — Sans Dalilah, il n'y aurait plus de Philistins — et Dieu sait qu'il y en a encore. — Sans Déjanire, Hercule l'invincible aurait été immortel, continuerait à détruire des monstres. — Et où vous cacheriez-vous, alors, messieurs les moralistes de plume?

Alexandre, — Attila, — Frédéric le Grand, Charles XII, — Bonaparte, — n'étaient pas amoureux; ils ont fort diminué les carpes.

Sans descendre jusqu'aux demi-dieux, demi-brochets, vous voyez tout le monde, vous, moi, les premiers, juger très-diversement l'amour, selon qu'on l'éprouve ou qu'on l'inspire, qu'on le voit éprouvé ou inspiré par d'autres.

— Répondez-moi franchement, Fanny : on dit qu'Eugène est amoureux de vous et que, pour vous, il ne recule devant aucune excentricité. Il a quitté son métier et donné sa démission, lui, un des plus brillants officiers de la marine, et auquel un avenir sans bornes était réservé. Il a refusé une riche héritière que sa famille lui voulait faire épouser, — et si nous passons aux détails, il a payé mille écus à votre femme de chambre un petit soulier qui a enfermé votre pied pendant une valse que vous lui avez accordée l'autre soir, seule grâce que vous lui ayez encore faite.

Tout le monde le trouve fou à lier. Êtes-vous aussi de cet avis ?

— Eugène fou ! Eugène est amoureux : il remplit son rôle d'amoureux, il s'acquitte de ses devoirs, et voilà tout. On aime ou on n'aime pas. Eugène fou ! mais c'est le seul homme raisonnable de notre société. — Ah ! si vous voulez voir un fou, — un vrai fou, — regardez-vous au miroir, mon cher, — si toutefois ce qu'on m'a conté est vrai.

— Et que vous a-t-on raconté ?

— On prétend que vous êtes amoureux d'Esther.

— Je le crains.

— On assurait l'autre soir, — mais je vous ai bien défendu, — que vous négligiez tout pour elle. On allait jusqu'à dire que, dernièrement, vous avez refusé de dîner chez un ministre parce qu'elle allait au théâtre, et que vous avez passé votre soirée à la regarder de loin... C'est donc vrai ?

— Parfaitement vrai, — seulement ce n'est pas par ma volonté que j'étais si loin d'elle.

— Quelle faiblesse! quelle folie! Comment un homme peut-il en venir là? — Allons donc, réveillez-vous, mon ami; vous êtes la fable et la risée du monde. Mettez donc cette femme au pied du mur, et ne vous laissez pas abuser par des faux semblants de vertu. Je crois, Dieu me pardonne, que vous êtes timide.

— A la bonne heure, Fanny, vous avez répondu sans trop de déguisement. Vous avez soulevé la barbe de loup. — Oter le masque tout à fait, je ne vous le conseille pas pour vous et je ne vous le demande pas pour moi. Le plaisir que nous donne la société des femmes ressemble beaucoup au plaisir que l'on trouve au bal masqué.

Eh bien! interrogeons un homme à son tour.

— Dites-moi, Ariste, — est-il vrai que Laure vous aime et qu'elle a quitté pour vous un mari jeune et beau qui l'adorait, et deux enfants qui avaient fait si longtemps son bonheur?

— C'est vrai; — mais que voulez-vous? qui pourrait résister à l'amour? Les esprits les plus élevés, les cœurs les plus nobles en sont plus facilement et plus mortellement atteints que les autres. Le monde peut blâmer Laure, mais les esprits d'élite, les cœurs dignes de l'apprécier seront pour elle. Elle s'est élevée par l'amour au-dessus des lois du monde. L'amour est surtout excusable qui est invincible, etc., etc.

— Du reste, elle a une autre excuse : sa cousine Aglaé n'a-t-elle pas aussi un amant, et cet amant n'est-il pas votre ami Édouard?

— Que me parlez-vous d'Aglaé! Mais c'est une infamie! tromper son mari; un homme excellent, qui a deux fois son âge, et qu'elle avait épousé malgré elle, — je le veux bien, mais qui a tout fait pour elle,—qui la vénère comme une idole... Et elle le trahit pour un caprice, — pour un homme qui l'aura peut-être abandonnée demain. Cet oubli de tous les devoirs est une faute sans excuse possible. Il faut qu'il y ait des femmes bien dénuées de principes, etc., etc.

Vous voyez comme il est difficile de conter des histoires d'amour. Aussi, —toutes réflexions faites, — je vais encore retarder un peu. — Comme, dans mes souvenirs, je ne me suis astreint ni à l'ordre des choses ni à celui des dates, — nous n'empruntons pas la première fleur de ce bouquet de roses bleues à la coiffure d'une femme, — mais à une île, — car les îles aussi ont leurs désappointements. Ce sera moins une rose bleue qu'un wergiss-meinnicht.

Robinson a été une de nos premières lectures, — et comme bien d'autres, il m'a étrangement passionné. Et en réalité j'ai toujours métaphoriquement vécu dans une île, — ou plutôt j'ai fait une île de ma vie, où il est rentré quelques Vendredis en bien petit nombre, — et ces Vendredis trop nombreux encore, je n'ai pas été aussi heureux que Robinson, — ils ont fini par redevenir anthropophages. Quelques-uns m'ont mangé, les meilleurs sont ceux qui n'ont fait que me mordre. J'ai toujours vécu isolé. — Isolé est un joli mot — qui veut dire — île, c'est-à-dire devenu « île. » Quand je suis sorti de mon île, ç'a été pour aller à la chasse de quelque Vendredi — ou de quelque Vendredie qui, une fois entrés dans l'île, m'y ont toujours mis beaucoup de désordre, sans métaphore. — J'ai vécu autant que je l'ai pu dans les îles; quand elles n'étaient pas trop grandes, je m'en emparais, comme si j'avais sur les îles des droits naturels et imprescriptibles.

Beaucoup de belles années de ma vie, — hélas!
que de tristesses il peut tenir dans les plus belles
années de la vie, — beaucoup de belles années se
sont passées dans les îles de Saint-Ouen, de Clichy
et de Saint-Denis, — où j'ai inventé la canoterie parisienne. Mais que de progrès elle a faits, bon Dieu!

Écoutez aujourd'hui sur les rives des chants
joyeux, — écoutez les gaudrioles qu'on apprend
aux échos ; — pour moi, c'était un plaisir d'isolement, — le bateau était une forme de l'île...; — c'est
en bateau qu'il fait bon *déballer* avec un ami, — lui
confier ses chagrins et un peu de ses espérances;
— c'est le bateau qu'il est doux de descendre entre
des rives vertes avec une femme aimée.

Mais les îles de Clichy, d'Asnières, de Saint-Denis, de Saint-Ouen, quoique beaucoup moins envahies qu'aujourd'hui, avaient cependant des inconvénients ; — des hordes nombreuses y descendaient
le dimanche dans des pirogues, — et si ces sauvages
ne me mangeaient pas, c'est que les meuniers à
Saint-Ouen, les cabaretiers dans les autres, leur
offraient des lapins et des pigeons. J'ai vu jusqu'à
quatre cents Vendredis dans l'île de Saint-Ouen.
— Ces jours-là je me faisais une petite île de mon
canot. Dans cette île, mon chien Freyschütz était

Vendredi ; — hélas ! celui-là aussi était anthropophage et m'a mangé. C'était cependant un de ceux qui m'ont le moins fait de mal : lui m'a mordu net avec de belles dents blanches et acérées ; les autres m'ont mordu sans dents ou avec de mauvaises dents gâtées, et m'ont mordu et mâché plus longtemps. — Quand on doit absolument avoir le cou coupé, il vaut mieux que ce soit avec un glaive qu'avec une scie ou un couteau à papier.

Combien de fois je rêvais, — si jamais je devenais riche, d'acheter l'île de Saint-Ouen : — la louer était impossible ; le meunier avait un bail de vingt ans.

Un jour, je découvris une belle île dont je pouvais rêver la possession sans folie. — En un quart d'heure, — peut-être moins, — j'en faisais le tour en canot ; elle était séparée du monde par toute la largeur de la rivière du côté de Paris, — par un petit bras de rivière où deux bateaux pouvaient se croiser du côté de l'île d'Asnières.

Je m'en emparai, et personne ne m'y vint déranger. Je finis par y trouver une telle sécurité, que voici la vie que j'y menai. C'était au mois de mai que j'avais découvert mon île. Je demeurais dans l'île Saint-Ouen, dans une chambre que me louait le meunier Clément. Je partais le matin, emportant dans mon canot un frugal déjeuner. — Arrivé dans mon île, je cachais le canot dans les saules avec plus de soin que n'en mit jamais l'autre Robinson à dissimuler ses traces aux sauvages ; — c'est que moi j'avais affaire aux civilisés.

Je m'étendais sur l'herbe, je déjeunais ; — puis je tirais du tronc d'un vieux saule un encrier et une plume que j'y avais serrés la veille, et je travaillais jusqu'au coucher du soleil. — Alors je resserrais mon encrier et ma plume dans le saule, — je pliais et mettais dans ma poche les feuillets que j'avais noircis, et je retournais dîner à Saint-Ouen.

C'est là que j'ai écrit presque entièrement le second roman que j'ai publié, *Une heure trop tard.* — Mon île était alors dans sa plus belle toilette d'île ; — le petit bras de la rivière, celui qui la séparait de l'île d'Asnières, était couvert de plantes aquatiques ; les nénuphars étalaient sur l'eau leurs larges feuilles et leurs fleurs jaunes ; — les *sagittaires* aux feuilles aiguës semblaient des flèches lancées par des tritons ; — à l'entour des saules s'enroulaient des convolvulus aux cloches blanches ; — les *salicaires*, — ..... je dois en parler quelque part dans le roman, — le voici précisément à portée de ma main. — Deuxième partie. — I. *La nuit au jardin.*

... « ... Un rideau de peupliers se balançant au moindre vent, et quelques saules au feuillage bleuâtre...

» Dans l'espace compris entre la tourelle et les peupliers, il n'y avait rien que de l'herbe qui cachait presque entièrement un petit ruisseau... Le *liseron* grimpait après les joncs les plus élevés et étalait ses grandes cloches blanches. — Une plante aquatique, dont le nom m'est inconnu, s'élançait en touffe de verges vertes, terminées par des épis de fleurs violettes. »

La plante aquatique dont je ne savais pas alors le nom, — c'est la *salicaire*. — Avec quel plaisir j'en ai retrouvé une dans le pays que j'habite aujourd'hui, et comme je l'ai vite plantée dans mon jardin au bord de la mare !

Ces liserons, ces salicaires, — je les avais sous les yeux en écrivant !

V

ROSES BLEUES

— Ah! par exemple, — me dis-je enfin un matin, voici une île que je pourrai peut-être acheter quelque jour. — Je n'ai jamais vu une île plus petite, c'est une véritable île de garçon. — On ne peut pas avoir moins d'île. — Celle-ci ne doit pas être chère. Cependant, comme tout était trop cher pour moi à cette époque, je formai le projet moins ambitieux de la louer provisoirement. Il s'agissait de découvrir le propriétaire. A qui le demander? Ne pouvais-je pas faire naître un rival et un compétiteur en révélant l'existence de mon île? Je pris le parti de ne faire que des questions prudentes. Je ne m'adressais, pour demander si l'on savait à qui appartenait mon île, qu'à des gens qui me paraissaient évidemment plus pauvres que moi ou qui avaient l'air de ne pas aimer les îles. — Il y a, en effet, des gens qui ont l'air de ne pas aimer les îles. Aussi personne n'en savait rien. — Par moment, je me disais : — Elle n'est peut-être à personne, et elle m'appartient par le droit de découverte. Il me semblait que la Providence me devait une île, et n'avait fait que s'acquitter en me donnant celle-là. — J'étais alors en proie à la tristesse,— mais à une grande et noble tristesse, je venais de vivre la partie humaine et possible de *Sous les Tilleuls*.— Il me semblait doux et beau de cultiver cette tristesse, mon seul bonheur. — Je rêvais des petits temples dans le creux des saules pour y cacher un portrait et quelques lettres.

Là, je ne devais admettre que les deux amis confidents de ma vie et de mes suaves douleurs. — Quand j'aurais loué l'île, j'y ferai bâtir une petite cabane de bois... Pour cela il fallait trouver le propriétaire. — Un jour que j'y étais arrivé comme de coutume, par le grand bras de la rivière, — je me mis à chercher à donner un corps à mes projets. — Je fus tout à coup réveillé par un bruit étrange,—le bruit d'une cognée sur des branches.— Il y a quelqu'un dans mon île. — C'était un indice pis que l'empreinte de pied trouvée par l'autre Robinson. — Je me levai résolûment et marchai droit au bruit. Je trouvai deux naturels, — l'un avait les cheveux blancs, — l'autre était un garçon de quinze à seize ans.

Je fus terrifié; — jusque-là je n'avais cru qu'à moitié au propriétaire de mon île. — Mais cet homme, aux cheveux blancs, qui coupait des saules, avait une assurance, une securité, qui ne me laissa pas espérer un voleur. Il leva les yeux sur moi — et les rebaissa insoucieusement sur son ouvrage, — ce qui me permit de le regarder à mon aise.

Voici donc, — me dis-je, — encore un homme dont je dépends. Il peut me chasser de mon île, comme il peut me la louer ; il peut me donner ou m'enlever tous ces petits bonheurs que je rêve depuis trois mois. Je fus fâché que ce fût un vieillard. — J'étais pour le moment assez mal disposé pour les hommes à cheveux blancs, cette neige sous laquelle les pensées vertes et fleuries ne peuvent subsister. Un autre vieillard m'avait récemment tenu dans sa dépendance, — j'entendais encore parfois, la nuit, la voix du père de Madeleine. — je songeais à cet esprit sur lequel je n'avais trouvé aucune prise ; — je respectais trop les vieillards pour les haïr, je les craignais.

En voici un, me dis-je, auquel il ne faut pas dire ce que je cherche dans son île, — il me croirait fou comme l'autre quand je lui parlais de sa fille. D'ailleurs, cet homme, comme l'*autre*, ne doit plus croire qu'à l'argent. Il faut surtout ne pas décliner ma qualité de poëte ; — je me rappelle trop le sourire de M. Müller à cet aveu que j'étais poëte. Jamais une lame plus aiguë et plus froide n'est entrée dans le cœur d'un homme.

Et je pris la résolution d'être extrêmement adroit.

Je saluai et dis : Vous coupez vos saules, monsieur.

— Oui, monsieur, me dit-il en soulevant son bonnet de coton rayé de bleu et de blanc, et en essuyant son front avec sa manche ; — rude besogne pour peu d'argent.

— Vos saules sont très-beaux, monsieur.

— A peu près comme tous les saules.

— Est-ce tout ce que produit votre île ?

— Mon île ?... Une charrette d'osier valant de dix à douze francs — et deux jours de travail pour moi et pour mon garçon. Aussi il y a des années où je ne coupe pas les saules.

— Voudriez-vous la louer, votre île?

— Eh! mon Dieu! qu'est-ce qu'on pourrait en faire?

— Comme vous,— y récolter de l'osier — et venir s'y reposer le dimanche.

Ici je fus tout à fait content de moi. — C'était à mes yeux un trait de génie de n'anoncer un emploi de l'île que le dimanche; — ça n'en exagérait pas la valeur, — « et puis y récolter l'osier!»

Oh! s'il avait su ce que j'y avais déjà récolté sans toucher aux saules, s'il avait su quels plaisirs j'y trouvais! Et le silence, et la solitude, et les fleurs sauvages, et l'ombre et les *libellules*, et le mouvement de l'eau, et les rêveries, et les souvenirs, et le tronc d'arbre pour serrer mon encrier et ma plume!

— Est-ce que vous êtes de la partie? est-ce que vous êtes vanier? me dit-il.

Je fus un peu blessé de la supposition,—sotte vanité; et qu'es-tu donc, malheureux?—Dis-lui aussi que tu es poëte — il va te rire au nez — et pensera que tu ne pourras jamais payer le loyer de son île. Ah! si l'autre vieux m'avait cru *vanier*, peut-être il m'aurait repoussé moins durement.

— Non, lui dis-je, mais j'ai besoin d'osier tous les ans — pour un jardin — et j'en achète. De plus, je viens quelquefois le dimanche — me promener en bateau...

— C'est que ce n'est pas de l'osier ordinaire, que j'ai ici — dit le vieillard, — ça n'est pas de l'osier vert comme chez le meunier Clément — c'est de l'osier jaune et de l'osier violet de Rouen, — c'est de l'osier... là... du vrai osier... qu'on me le retient d'avance. J'en fais de trente à quarante francs par an ; — et pas de travail — là, une heure ou deux en nous promenant, mon garçon et moi, pour nous distraire.

Quelle joie fut la mienne ! — comment ! trente à quarante francs, — et je loue mon atelier six cents francs par an, — et mon atelier n'est pas une île, — et il n'a ni saules, ni peupliers, ni libellules ! Je croyais qu'il allait me demander des sommes folles. Cependant, je voulus rester très-adroit, — sans cependant le choquer en lui rappelant ce qu'il m'avait dit d'abord quand il n'était pas question de location.

— Alors, lui dis-je, si on vous donnait une trentaine de francs par an...

— Comment ! trente francs ! — vous badinez. — D'abord j'ai pour quarante francs d'osier.

Et encore, l'osier va beaucoup augmenter cette année, il a gelé partout

— Ah ! l'osier gèle ?...

— Cette année, oui, monsieur. — Dieu sait où ça peut nous mener ! — je ne donnerais pas mon osier à moins de cinquante francs par an... Vous voudriez peut-être faire un bail ?

— Oui.

— Combien de temps ?

J'eus ici une longue hésitation. — Tout ce qui finit est si court ! — Un bail... Lui voyait la consécration de la durée ; — moi j'en voyais le terme.

— Un bail de neuf ans, sans doute ?

Eh quoi ! pensais-je, — il faudra quitter mon île dans neuf ans.

— Personne ne peut savoir ce que vaudra l'osier pendant ces neuf années : — c'est égal, j'ai dit cinquante francs d'osier, je ne m'en dédirai pas : Compoint n'a qu'une parole. — Mais l'herbe, le foin, — nous n'en parlons pas.

— Ah ! il y a du foin ?

— Mais sur quoi croyez-vous que vous marchez ?

— Combien pour le foin ?

— Au moins dix francs.

— Dix francs !

Ici nous cessâmes de nous entendre : lui crut que

je trouvais son foin trop cher, — ce qui aurait été bien jugé, — tandis que mon exclamation venait de ce qu'on appelait foin toutes ces belles herbes dont chaque brin a son nom, toutes ces charmantes fleurs dont chaque corolle a son souvenir et de ce qu'on les estimait dix francs.

— Il y a plus de vingt-cinq bottes de foin, — et avec la sécheresse qu'il fait cette année — le foin sera hors de prix; et quel foin! le roi n'en mangerait pas de meilleur.

— Ça fait soixante francs.

— Et les impositions, trois francs.

— Mettons soixante-trois francs.

— Soixante-dix en compte rond — et les frais du bail à votre charge.

— C'est bien tout ?

Le vieillard jeta un regard autour de lui, — il ne vit rien. Que de choses il ne voyait pas!

— C'est tout. — Seulement les frais du contrat à votre charge, — je l'ai déjà dit.

— Qu'est-ce que coûtera le *contrat ?*

— Le bail, le papier; — une pièce de cinq francs.

— Va pour cinq francs.

— Va sans dire que vous payez six mois d'avance.

— J'y consens. — Quand faisons-nous le bail ?

— Demain matin. — Pour ça, faut aller à Neuilly.

— Pourquoi ?

— Parce qu'il n'y a à Saint-Ouen ni notaire, ni juge de paix, — ni papier timbré. — Soyez à Neuilly à neuf heures du matin, sur la place. — Du reste la chose est faite, foi de *Compoint* qu'est mon nom.

— A demain, — neuf heures, à Neuilly.

— Tout en causant — le vieillard et son garçon avaient lié quelques bottes d'osier, et ils les chargèrent sur leur dos.

— Vous allez à votre bateau? leur dis-je.

— Non, à notre charrette.

— Oui, mais pour aller à la charrette ?...

Je les suivais tout en parlant, — je faisais presque les honneurs de mon île.

— Ah ça! — dis-je, — vous ne couperez pas le reste des saules ?

— Le reste des saules... et mon osier ?

— Il n'en reste que trois ou quatre pieds.

— Je le veux bien, — mais vous donnerez dix francs.

— Je donnerai dix francs.

Le vieillard s'arrête et jette pour la seconde fois derrière lui un long regard investigateur et rapace — qui me donna, je ne sais pourquoi, — l'idée d'un rateau; — il cherchait ce qu'il pourrait encore me vendre.

— Pauvre vieux! pensais-je, — les fêtes de la nature sont des solennités auxquelles Dieu n'admet que ses élus, — ce qu'il y a de beau ici n'existe pas pour toi.

Mais tout à coup je fus atterré : nous arrivions à une charrette déjà chargée de fagots d'osier : — —cette charrette, comment était-elle venue là? Hélas! tout naturellement, traînée non par des dauphins, mais par un affreux cheval alezan. — Le petit bras de rivière était desséché !

— Eh ! m'écriai-je, il n'y a plus d'eau !

— Non, c'est encore un avantage de mon île, — c'est que ça n'est pas une île. Quand vient le mois d'août, on y arrive en voiture comme par une route royale.

Je répondis, ahuri : — Mon île! — mon île n'e pas une île ! — on y vient en charrette!

Tout disparut, — tout s'évanouit. — Mes rêves remontèrent au ciel avec les couleurs des fleurs et du feuillage, — je laissai aller Compoint et son garçon; — je retournai prendre mon encrier et ma plume sous le saule, je remontai dans mon canot — et je m'en allai tristement chez le meunier Clément, d'où je fis avertir Compoint de ne pas aller le lendemain à Neuilly. — Je ne rentrai plus dans *mon île*; — je la voyais souvent de loin en passant — et je me disais : — L'hypocrite ! — à qui se fier, elle avait si bien l'air d'une île.

VI

ROSES BLEUES

Où est votre premier amour? Quand pour la première fois avez-vous ressenti les atteintes de l'amour? Je voudrais bien que quelqu'un me mît à mon aise — et me dît : Moi j'avais six ans, — parce que je dirais avec l'aplomb de la vertu et un air dédaigneux : Je ne suis pas si précoce. — J'avais près de huit ans quand je devins amoureux pour la première fois.

Il me vient une idée pour raconter ces choses-là. Ce procédé m'ôtera beaucoup d'embarras. Je commencerai au premier récit, — car pour celui-ci il n'y a guère moyen, et de plus il n'est déjà plus temps.

Il y a quelques années, — je demeurais encore à Sainte-Adresse, — dans ce pays que j'ai créé et dans lequel un jour il ne s'est plus trouvé de place pour moi. C'est une histoire que je raconterai.

On me présenta un voyageur.

En général, — j'ai horreur de ces rencontres auxquelles m'expose plus qu'aucun autre mon séjour loin des grands centres, dans de petits coins où je suis le seul de mon espèce. Les gens croient devoir vous aborder par deux ou trois phrases complimenteuses qu'il est impossible d'entendre sans avoir l'air bête, — et sans s'apercevoir que l'on a l'air bête.

— J'avais — me dit celui-ci — magistrat et homme fort distingué — une grande curiosité de vous voir, d'abord parce que...

(Ici les deux phrases qui donnent l'air bête).

— Puis, vous avez été l'amant de ma femme.

— Qui ? moi ?

— Attendez un peu. — J'emploie le mot amant dans le sens allemand, — ou dans le sens qu'il a eu autrefois en français ; cela ne veut dire que *amoureux*.

— Votre nom, monsieur, ne me rappelle rien.

— Vous n'avez aucune discrétion à avoir : quand

vous étiez l'amant, ou plutôt le mari de ma femme, je n'étais pas encore son mari.

— Je ne me souviens pas.

— Oh! elle se rappelle très-bien, — et moi aussi ; mais je ne vous aurais pas reconnu. — La vérité est que vous aviez alors sept ou huit ans et que j'en avais trente... Quand j'ai quitté Paris, ma femme m'a dit : Tu vas au Havre ; — tu iras à Sainte-Adresse ; — tu le verras. — Ne vous montez pas la tête, monsieur, ma femme avait vingt-deux ans quand vous en aviez huit; vous pouvez faire son compte et le vôtre. Et alors elle m'a rappelé tous les détails de vos amours. — Je pense que je puis vous les redire sans exciter trop votre sensibilité. Vous rappelez-vous — Elisa B...

— Ah! parbleu! si je me la rappelle! elle demeurait dans la même maison que mes parents ; elle venait souvent à la maison; elle m'appelait son petit mari. Elle m'emmenait partout avec elle dans les magasins ; elle me faisait choisir la couleur de ses robes... Attendez, voici que j'évoque Élisa, comme Georges de la *Dame Blanche*.

Elle est liée à un souvenir ;—j'ai choisi pour elle, un jour, une robe à petites raies blanches et lilas, — j'ai toujours aimé depuis ces couleurs ; — tenez, voyez mes chemises de pêcheur; j'entr'ouvris ma vareuse. J'avais en effet une chemise à raies blanches et lilas...

Attendez donc, — il y avait un grand escogriffe que nous rencontrions toujours...

— Précisément... ce grand escogriffe, c'était moi.

— Pardon ! c'est que je vous ai depuis haï cordialement. Je n'ai deviné que longtemps après que je servais de maintien à Élisa : on ne l'aurait pas laissée sortir seule...

— Sa famille n'était pas riche; cela faisait un grand dérangement de la faire accompagner d'une servante, qui avait toute autre chose à faire à la maison. Et, d'ailleurs, on n'aurait pas osé, — accompagnée d'une servante, — rencontrer aussi souvent le grand escogriffe, votre serviteur. — Je vous ai pourtant donné des bonbons, ingrat !

— Quand j'appris un jour que ma *femme* allait se marier, je fus désespéré et furieux; je fus malade et enchanté d'être malade, car il m'aurait fallu aller à la noce. Notez bien que je n'attachais à tout cela aucune idée déterminée et que je ne songeais à rien qu'à la continuation de ce qui se passait. L'embrasser le matin, sortir avec elle — et l'appeler ma femme.

Une chose bizarre, mais que je m'explique cependant, — et qu'il ne faudra pas redire à madame***, c'est que je me rappelle toutes ces circonstances, et que je ne puis retrouver sa figure. Est-elle jolie?

— Elle a été agréable, — rien de plus, rien de moins. — Mais comment expliquez-vous ce souvenir vivace de certaines circonstances et cet oubli de sa personne?

— C'est que dans ces « *premières flammes* » « l'amour qu'on éprouve est tout en soi, — la personne aimée n'est qu'un prétexte. » — C'est l'haleine du vent qui porte le pollen invisible qui vient féconder la fleur du dattier. — Le cœur s'épanouit comme une fleur — et l'amour s'en exhale comme un parfum.

VII

ROSES BLEUES

On entend quelquefois, dans le pays que j'habite aujourd'hui, les oiseaux trompés par la splendeur d'une nuit d'été, prendre les rayons bleus de la lune pour les rayons roses du soleil levant, et gazouiller à demi éveillés, leur gaie chanson du matin. — J'ai vu une fois un incendie dévorer des meules de blé et lancer au ciel des tourbillons de fumée rouge. — Les coqs se prirent à chanter et à appeler les villageois au travail. Les anémones simples, qui se ferment à la fin du jour, ouvrent leurs pétales violets ou incarnats à la lueur des lampes. C'est ainsi que je cherche à m'expliquer honnêtement les infidélités qui émaillèrent la constance opiniâtre de l'amour de Stephen pour Madeleine. Les petites pâquerettes blanches semées dans le pré n'empêchent pas le pré d'être vert.

C'était à Châlons, — là où Stéphen, — en invoquant le nom de Madeleine, — alla chercher un homme sous les flots de la Marne. Châlons est une ville pleine d'églises et de cloches ; — mais les cloches sont justes et belles, — et je les regrette chaque jour ici, où elles sont fausses et fêlées.

Il allait souvent, le soir, dans un jardin cultivé par des paysans ;—il buvait une tasse de lait et s'asseyait sous une tonnelle de chèvrefeuille, où il se laissait bercer par ses rêveries au bruit des cloches du soir. Un jour, qu'on n'entendait plus les cloches, — l'esprit de Stéphen continua à rêver, — suivant le souvenir du son mesuré, — comme la barque est encore balancée sur la mer, longtemps après que la tempête est calmée.

Tout à coup, — une voix faible, mais douce et suave, se fit entendre de l'autre côté du mur sur lequel était appuyée une maison. On chantait une chanson qui probablement n'appartenait pas plus à la Champagne qu'à toute autre province ou à tout autre pays, mais qui pourrait bien cependant venir de l'Allemagne ou du moins d'Alsace. L'air, une valse, — une valse allemande à trois temps. — On n'avait pas encore inventé la ridicule et désagréable et bredouillante valse à deux temps. — Cet air a éminemment le caractère de la valse allemande : — le mouvement accentué et vif, la mesure nette et précise, et avec tout cela une certaine gravité mélancolique. La chanteuse, car c'était évidemment une femme, appuyait un peu sur le caractère mélancolique, auquel sa voix timbrée et un peu basse donnait un charme poignant.

Stpéhen écouta avec un recueillement profond ; — il laissa entraîner son esprit dans ce mouvement mélancolique, — puis — il appela tous ses rêves, toutes ses pensées d'amour et de poésie, — et les fit danser sur ce rhythme ; — puis la voix se tut, — une fenêtre se ferma, — et il lui sembla qu'il se faisait une seconde nuit dans la nuit.

Et il dit à demi-voix : Bonsoir, Madeleine. Non pas qu'il y eût la moindre chance que ce fût la voix de Madeleine, ni que Madeleine fût à Châlons-sur-Marne, — il savait parfaitement où elle était, et il lui avait écrit le matin ; mais depuis longtemps déjà qu'il n'avait vu Madeleine, il l'avait involontairement modifiée dans sa mémoire. — Quand il voyait une femme parée de son bandeau royal de cheveux noirs, — oubliant que Madeleine avait les cheveux châtains, il disait : Voilà les cheveux de Madeleine. Cette voix douce et suave, il voulait l'attribuer à Madeleine. — Il était décidé à attribuer et à restituer à Madeleine toute sensation agréable qui lui viendrait d'une femme. Madeleine, c'était *la femme.* O femmes aimées des poëtes, si vous saviez tout ce que vous apportent ces imaginations si riches! — Jamais fées n'ont aussi bien doué les princesses *plus belles que le jour*, dont elles acceptaient d'être les marraines.

Pour Stéphen, il dit à demi-voix : Bonsoir, Madeleine, — ce qui était honnête. — Mais il ajouta un peu plus haut et un peu moins honnêtement : Merci du charme de la voix.

Le lendemain, à la même heure, Stephen était à la même place. — La même voix se fit entendre. Stéphen jeta un bouquet.

Le lendemain, il jeta des vers. — Le jour d'après la fille du jardinier lui dit : Et moi qui, en vous voyant toujours un livre, pensais que vous veniez chez nous pour étudier... quelque chose. — Je sais ce que vous faites sous la tonnelle de chèvrefeuille; vous faites la cour à la voisine.

— Et qu'est-ce que la voisine ?

— La voisine est une jolie fille qui demeure de l'autre côté du mur et que vous allez entendre chanter tous les soirs.

— Elle a une belle voix.

— Et de beaux yeux. Mais vous en savez sur elle sans doute plus long que moi.

Le soir, on chanta encore ; — le bouquet et les vers n'avaient donc offensé personne ; — un billet en prose demanda s'il était défendu d'espérer la vue de la personne dont la voix avait causé de si douces sensations. Une branche de bruyère fut lancée de la fenêtre : — à la branche était attaché un petit papier, — sur le petit papier étaient ces mots :

« Le rossignol chante dans la nuit : — il faut ne connaître que sa voix, car la nature ne lui a pas donné autre chose ; — son plumage est triste et sans éclat. »

Stéphen se trouva fort embarrassé pour répondre. Si la voisine était réellement laide, lui faire croire qu'on attribuait son hésitation à la modestie, qu'on lui croyait de la beauté, c'était la fortifier invinciblement dans son refus. La prendre au mot était plus prudent. Il répondit :

— Il y a deux genres de beauté : — celle qui se prouve et celle qui s'éprouve ; — la première appartient presque exclusivement aux statues : — une femme a juste dans tout son corps sept fois la longueur de sa tête ; — elle a précisément le nez fait de telle façon et la bouche de telle autre façon. Je ne sais si vous avez cette beauté-là, — je crois même que vous ne l'avez pas ; — mais celle qui s'éprouve, — vous la possédez, — car je la sens et au besoin je vous la donne. Enfin, je serais curieux de savoir comment est laide la femme qui a la voix qui m'émeut si doucement ?

On répondit. « Il est probable que vous me verrez quelque jour ; je ne ferai rien pour amener ce hasard, mais je ne ferai rien pour l'éviter. »

Et moi aussi, pensa Stéphen, — je m'abandonne au hasard. — Et tous les soirs il alla entendre chanter l'inconnue, et pendant qu'elle chantait, il sentait s'exhaler de son âme des hymnes d'amour pour Madeleine, et ces hymnes se mesuraient sur les airs chantés par la voix. Jusque-là sa conscience était assez tranquille.

Mais un jour, il tomba de la fenêtre un paquet plus volumineux qu'une lettre, il l'emporta chez lui et l'ouvrit avec empressement. La première enveloppe contenait une lettre, et une seconde enveloppe cachetée. La lettre disait : « Nous ne devons pas être les héros d'un roman vulgaire. Il y a une sorte d'amour toujours possible entre un homme bien fait et une femme qui n'est pas tout à fait désagréable. Mais de cet amour-là je ne veux à aucun prix.

» Je crois, à certains signes, vous reconnaître pour celui qui m'est destiné, pour celui que je dois aimer. — Mais si vous l'êtes, vous devez me reconnaître aussi. Voici deux portraits, l'un est le mien, l'autre est celui d'une femme de mes amies. Gardez le mien, renvoyez-moi l'autre.

» Je sais que vous pourriez facilement avoir des renseignements, — peut-être aussi m'avez-vous déjà vue; — mais je crois à votre honneur, — je crois que vous n'êtes pas de ceux qui ne se pensent obligés à l'honneur qu'envers les autres hommes et qui s'en dispensent envers les femmes qui ne peuvent se venger de la même façon.

» Vous ne prendrez aucuns renseignements. — Vous me direz si vous m'avez vue, — et vous me répondrez dans un quart d'heure; — j'attends votre réponse à la fenêtre. — Si, sans m'avoir vue, vous me reconnaissez, — si la sympathie me désigne clairement à vous, — nous obéirons au destin. — Si vous hésitez, si vous vous trompez, nous nous résignerons. »

Naturellement, Stéphen ouvrit rapidement la seconde enveloppe, — avant même d'avoir fini de lire la lettre qui l'accompagnait, c'est-à-dire quand il fut à ces mots : « Gardez le mien, — renvoyez-moi l'autre. » Ce n'est que plus tard qu'il lut le reste du billet. Cependant, quelque rapidement qu'il ouvrît l'enveloppe, il eut le temps de penser. Ou ma belle inconnue n'est pas une femme, ou je sais d'avance comment vont être les portraits : — l'un jeune, ravissant, poétique, — l'autre représentant quelque femme de la troisième jeunesse et sans distinction... Oui, mais si elle est de bonne foi, — si elle a choisi une amie plus jolie qu'elle?...

L'enveloppe ouverte, il fut à la fois surpris et embarrassé : deux charmants visages, — une brune et une blonde ; la plus âgée a vingt-quatre ans, l'autre vingt-deux. — Il regarde, il détaille, il compare ; il ne découvre aucun indice. Il avait compté sur un air prétentieusement inspiré pour reconnaître la romanesque voisine. — Toutes deux sont calmes, naturelles, distinguées. Il faut renoncer à deviner. Alors il faut ne pas deviner ; il faut *plaider :* — « C'est votre âme que j'aime, c'est elle qui prête le charme à cette voix qui m'a séduit. Peu importe l'enveloppe. »

Trois pages de variations sur ce thème.

Mais il relit la lettre ; elle est nette et paraît franche ; on ne se contentera pas d'un subterfuge. Et d'ailleurs, si on s'en contentait.... — Elle a raison, pourquoi un roman vulgaire? et puis, il faut être franc et honnête... Regardons encore.

Toutes deux sont jolies. — Certes, si je n'avais pas le cœur entièrement pris, si j'avais à donner ce qui appartient à Madeleine, s'il s'agissait d'un amour... je trouverais bien des différences qui me décideraient — et le quart d'heure qui se passe !

Il faut répondre nettement... et n'avoir rien qui puisse me décider ! — Cependant... il y en a une... Ce que je puis donner à cette femme, — c'est ce qui n'appartient pas à Madeleine ; — je ne veux pas qu'elle joue le rôle qui m'appartient, qui n'appartiendra jamais qu'à Madeleine.... Eh bien! de ces deux visages, l'un sans ressembler précisément à Madeleine, est de la même famille de figures, c'est la brune. — Eh bien! il n'y a pas de place pour elle dans ma vie ! — Résolûment, sans ambages, sans précautions oratoires, renvoyons-la et gardons la blonde ; si je me trompe, comme dit la voisine, eh bien! nous nous résignerons ; — mais, en tout cas, j'aurai gardé ma foi à Madeleine.

Ah! ma belle lectrice — avec quelle horreur vous rejetez ici les sophismes de ce Stéphen. — Hélas! — ne le savez-vous pas déjà? — Éros a ses jésuites comme Jéhovah.

Et sans hésiter plus longtemps, Stéphen enferma dans une enveloppe — la brune, qu'il trouvait plus belle, au fond, — et il eut l'audace d'insérer dans l'enveloppe un petit papier avec ces mots : Avez-vous pu croire que j'hésiterais? — et il jeta l'enveloppe par-dessus la muraille.

Voilà, dit-il, — ce qui s'appelle brûler ses vaisseaux.

Si c'est son portrait que je lui renvoie, — je quitte Châlons dès demain : — on ne peut marcher dans les rues où marche une fille à qui l'on a fait une pareille chose; — mais si le hasard m'a favorisé, le roman est charmant.

En tout cas je ne regrette rien; — je ne veux rien de celle qui me rappellerait Madeleine. — Je n'oserais pas.

Néanmoins, Stéphen n'était pas sans émotion en attendant la réponse; — elle ne se fit point attendre.

« Quel bonheur! lui dit-on; — nous ne nous sommes trompés ni l'un ni l'autre, c'est bien moi, — c'est bien vous. — Je vous écrirai cette nuit; — maintenant, j'oserai vous ouvrir mon cœur.

Le lendemain, en effet, il reçut une charmante lettre. — On *déballait*. Une circonstance bien importante tranquillisa Stéphen : la voisine était mariée, — seulement son mari l'a abandonnée il y a bientôt trois ans, et elle demeure avec ses parents, chez lesquels elle est revenue. Il ne peut donc être question de mariage ; — mais cependant, ce qu'elle entend, ce qu'elle veut, — elle aussi, c'est un amour aussi long que l'existence, — c'est une vie entièrement consacrée à cet amour.

Alors commence une correspondance bizarre, — dans laquelle Stéphen arriva tout doucement, pas à pas, — à tromper l'esprit — et presque à corrompre le cœur de la pauvre voisine, — non pas de dessein prémédité, non pas par méchanceté, — mais par suite du tenace égoïsme de l'amour. Malgré les raisonnements de casuiste de Stéphen, l'inconnue veut toujours entrer sur les terres de Madeleine et lui ne veut pas laisser attaquer la bizarre et jésuitique constance qu'il a vouée à Madeleine, et il ne veut pas renoncer au charme que la belle inconnue exerce sur lui. — J'explique, je n'excuse pas. — Il finit par amener la voisine à la théorie du plaisir et de l'amour qui sèment des fleurs dans la vie, mais ne sont pas la vie, et alors....

— Et alors, comment cela finit-il?

— Cela ne finit pas du tout, — et voici comment. Stéphen avait obtenu la permission de franchir le mur la nuit suivante. — Le reste de la nuit devait se passer, pour les deux amoureux, seuls sous un épais ombrage de vieux arbres. La voisine devait, au dernier moment, jeter un billet pour avertir qu'aucun incident ne venait s'opposer à leurs projets. Pour la première fois, elle s'avisa de signer son billet ; elle en donnait une raison : au moment où je vous donne la plus grande preuve de confiance et de tendresse qu'une femme puisse donner, je songe que vous ne m'avez jamais demandé mon nom ; — elle signait *Madeleine*.

Stéphen fut frappé de terreur. Au premier moment, l'esprit en désordre, il pensa que c'était Madeleine Müller qui avait voulu l'éprouver, et il s'avoua qu'elle pourrait ne pas être satisfaite de l'épreuve. Il ne tarda pas à voir l'impossibilité de la présence de Madeleine à Châlons-sur-Marne. Alors il découvrit ce qu'il n'avait jamais supposé : que sa Madeleine pouvait avoir quelque chose de commun avec les autres femmes; que son nom n'était même pas à elle exclusivement, et qu'il y avait des marraines assez hardies, assez sacriléges, pour l'avoir donné à d'autres filles.

Il fut épouvanté à l'aspect de ce nom comme à l'apparition d'un spectre ou d'un gendarme. Il écrivit un mot vague, — des regrets, — une nouvelle subite, — et il se sauva.

Je voudrais bien expliquer cette bizarrerie, mais je serais désolé d'avoir le moins du monde l'air de vouloir justifier ni même défendre ce Stéphen, avec lequel je ne voudrais à aucun prix qu'on me supposât des intérêts communs.

Stéphen a eu tort, — tristement et cruellement tort. Il n'a aucune excuse vis-à-vis de la seconde Madeleine; — il n'a pas eu à son égard la loyauté qu'elle avait le droit d'attendre, par cela seul qu'elle y avait cru.

Est-il un peu plus innocent ou un peu moins coupable, non pas envers la première Madeleine, — Madeleine qui, depuis, l'a trahi et abandonné, — mais envers son amour pour Madeleine?

Il avait pour Madeleine un amour éminemment poétique. Certes, la beauté de Madeleine entrait pour beaucoup dans cet amour; mais c'était presque à son insu. — S'il avait épousé Madeleine, si Madeleine avait été à lui, très-certainement il eût eu pour elle tous les amours; — mais, jusque-là, il n'en faisait guère une femme, — il l'aimait et ne se permettait pas de la désirer, ou plutôt il n'y songeait pas. — Ainsi, il ne connaissait, ne voyait, ne rêvait aucun détail de sa beauté ; — il la trouvait belle, — mais n'avait examiné ni ses bras ni ses épaules.

Quand il se disait — dans ses moments d'espérance : Madeleine sera à moi ! — cela voulait dire pour lui : — Nous passerons notre vie ensemble dans une solitude. — Madeleine, pour Stéphen, était tellement plus qu'une femme, qu'il lui semblait que profiter de la bienveillance d'une femme, quelque grande qu'elle fût, n'avait rien qui le fît manquer à ce qu'il devait à Madeleine. — Ce qu'on pouvait recevoir d'une autre femme, ce qu'on pouvait lui donner, non-seulement était si inférieur à ce qu'il donnait à Madeleine, à ce qu'il attendait d'elle ! — Bien plus, c'était tellement différent, tellement d'une autre espèce, qu'il lui aurait paru qu'en faisant une comparaison, on se livrait à quelque coq-à-l'âne, — comme lorsqu'en jouant, dans les écoles, on fait une comparaison entre des objets de nature si différente qu'il n'en peut exister aucune.

Par exemple : étant donnés la longueur et la largeur du navire — et le diamètre du grand mât — deviner l'âge du capitaine. Ou bien encore :

Lequel aimez-vous le mieux, les épinards ou l'*Enéide ?*

Je m'arrête, — en constatant encore que je n'ai pas prétendu défendre en rien cet odieux Stéphen. J'explique, je décris. — Quand Buffon parle du serpent à sonnettes, lorsqu'il décrit le mécanisme des dents à crochets qui sécrètent le venin dans la morsure, — il ne se fait pas pour cela l'apologiste du serpent à sonnettes.

VIII

ROSES NOIRES ET ROSES BLEUES

Mon amour pour les îles, que j'ai déjà confessé, a dû se contenter le plus souvent d'à peu près quelquefois fort lointains. Je viens, en entendant fredonner un vieil air, de me rappeler quelques-unes des îles que je me suis créées. C'était peu de temps après la révolution de Juillet ; — je n'avais pas vingt-deux ans. Je découvris sur le versant de l'ex-butte Montmartre qui regarde Paris, une sorte de bois entouré de murailles à moitié détruites par le lierre et les ronces, qui, après les avoir détruites, étaient devenus leur seul soutien. — Sur les piliers de pierre qui soutenaient une vieille grille rouillée, on lisait à demi effacés ces mots :

TIVOLI-MONTMARTRE.

Prix d'entrée pour un cavalier qui pourra amener une dame : 50 centimes.

Je pris quelques informations, et j'appris que cette entreprise n'avait pas réussi à cause de la prudente intervention de la police. — Ce bois était creusé par les carrières, et on craignait avec raison qu'un grand nombre de gens sautant *en mesure*, sur un point du jardin, ne causât un éboulement qui aurait fait disparaître les danseurs dans quelque gouffre.

On sait la puissance d'un mouvement simultané et mesuré. Quand on fait passer un corps de troupes un peu nombreux sur un pont en fil de fer, on ne manque jamais de faire rompre le pas aux soldats. Ce mouvement cadencé pourrait imprimer aux piles du pont un balancement et des oscillations capables de le renverser. Les marins hissent les voiles ou émergent les ancres en s'accompagnant d'un chant ou du moins de cris rhythmés. — Cette prohibition en vue de ce danger ne m'étonna pas beaucoup, moi qui venais de voir arracher des grilles et renverser des murailles par des gens qui les poussaient un peu en chantant la *Marseillaise.*

On me loua ce jardin désert pour trois ans. Il y restait debout une seule chambre, dans laquelle j'emménageai au moyen de deux gros clous à crochet.

Alexandre Dumas, dans ses *Mémoires*, raconte que c'est là qu'il m'a vu pour la première fois : — « Il logeait, dit-il, dans une sorte de Tivoli abandonné, et couchait dans le bureau des cannes. »

Je plantai mes deux clous dans les murailles, et j'accrochai mon hamac. — Un peu plus tard, j'ajoutai à mon mobilier une grande malle recouverte d'un tapis, une table et un fauteuil. La malle servait de divan pour les visiteurs assez rares, — au commencement surtout. C'est là que j'achevai de vivre et que je commençai à écrire un roman qui a eu quelque succès en ce temps-là et qui s'appelait *Sous les Tilleuls.* — Alors aussi je commençai à écrire dans quelques journaux, — car, après la révolution de Juillet, j'avais tout à fait oublié de retourner m'asseoir dans la chaire que j'occupais au collége Bourbon.

Pendant la première année de mon séjour, je ne connaissais que deux ou trois camarades d'enfance

— et quelques personnes indifférentes, connaissances indirectes, qui ne venaient me voir qu'en revenant d'ailleurs, et trompées par la curiosité que leur inspiraient quelques exagérations sur la bizarrerie de la vie que je menais. Cette vie, au contraire, était simple et naturelle, et c'était du côté de ceux qui vivent autrement qu'était en réalité la bizarrerie. J'avais dans le cœur beaucoup de chagrin et beaucoup de poésie — Mes premiers pas dans la vie avaient été rudes, et j'en avais les pieds ensanglantés. Je ne voyais avec plaisir que les deux camarades Léon et Édouard, qui avaient été les confidents de mes espérances et de mes déceptions. Un cabaretier m'apportait à manger deux fois par jour à travers la grille. — J'avais institué ceci pour les visiteurs : « Au lieu de m'appeler, après avoir secoué la grille, vous vous appellerez vous-même. — De cette façon, vous vous trouverez tout annoncé. »

De cette façon aussi je savais parfaitement, sans me déranger et sans me montrer, quel visiteur se présentait, et je ne paraissais qu'à bon escient. C'est le temps de ma vie où j'ai été le plus riche, le plus libre et le plus heureux : je n'avais pas de besoins, et presque personne n'osait avoir besoin de moi, — et je n'avais que des douleurs hautes et nobles par dessous lesquelles coulait la vie quotidienne ; mon âme pouvait alors habiter les régions élevées de la poésie. — Il vaut mieux souffrir dans le ciel qu'être heureux sur la terre.

En haut, les tempêtes font du vent et du tonnerre; — en bas, de la pluie et de la boue.

Je ne sortais guère qu'à la fin du jour et encore pas tous les jours. — Je n'avais envie de rien voir, et j'avais fort envie de n'être pas vu. — Je portais mes articles aux journaux qui voulaient bien les prendre, et je remontais à Montmartre. C'était alors un séjour curieux : le bois était formé de grands arbres et de buissons de diverses espèces, entre lesquels l'herbe croissait en liberté, — et formait des pelouses ombragées, les unes assez grandes, — les autres resserrées et n'offrant de place que pour une ou deux personnes. Le jour, je me tenais dans les parties sombres et fermées ; — le soir, je m'étendais volontiers sur les gazons en pente d'où l'on voyait Paris. — Paris, que j'avais évité de regarder pendant le jour, était, la nuit, un spectacle étrange et mystérieux. — Au bout du bois étaient les carrières et des terrains stériles. — Toute cette partie, — le bas de Montmartre, les boulevards extérieurs et le haut des faubourgs dormaient ensevelis dans une profonde obscurité, et formaient une sorte de premier plan du diorama. — Au delà, on eût dit un ciel noir plein d'étoiles — ou plutôt une mer, un large Cocyte sillonné de barques éclairées. — Un bruit confus et très-semblable à celui de la mer s'élevait au-dessus de la ville en même temps qu'une sorte de brume épaisse et lumineuse, et augmentait sa ressemblance avec l'Océan.

Dans certaines parties lointaines et découvertes, on apercevait les lumières errantes des voitures ; puis, à une certaine heure, les fenêtres s'éteignaient une à une.

Quoique je n'aime guère les comparaisons qui rapetissent, je dois dire, à cause de la similitude parfaite, que cela rappelait le spectacle dont on jouit quand, ayant jeté au feu un journal ou une lettre, on regarde la flamme le dévorer.

Il vient un moment où la flamme meurt faute d'aliment, — le papier reste rouge, — bientôt des taches noires se montrent dans le papier rouge, — un peu après il n'y a plus que des taches rouges dans le papier noir. Puis une étincelle errante, mais captive, et ne pouvant quitter le papier, glisse, point de feu, sur le papier noir, tournoie et s'éteint ; toutes les taches rouges se divisent ainsi en étincelles qui s'éteignent successivement, jusqu'au moment où, après avoir d'abord regardé ce papier brûler sans savoir qu'on le regardait, on finit par y prendre de l'intérêt, — s'inquiéter des deux dernières, tâcher de deviner laquelle des deux s'éteindra avant l'autre; puis, quand il n'y en a plus qu'une, craindre de la voir disparaître, et la regretter.

Pour relever la comparaison je me rappelle comment on nous traduisait cela quand nous étions enfants. « Il est tard, voici la nuit, les religieuses du couvent doivent rentrer chacune dans sa cellule ; — en traversant le cloître avec sa lanterne, — à mesure que chacune rentre, elle éteint sa lanterne.

Eh bien! je finissais par voir parfaitement les nonnes, — de même qu'en regardant Paris je voyais plus tard les étincelles captives du papier brûlé.

Quelquefois, — vers l'heure du dîner, — seul ou avec l'un ou l'autre de mes camarades, ou tous trois ensemble, — je descendais sur l'autre versant de la montagne le chemin qui passait par une fontaine et un abreuvoir couverts de grands arbres; arbres, abreuvoir, fontaines reproduits par les paysagistes d'alors, — par le *Château des Brouillards*, — qui avait remplacé, le dimanche, le Tivoli que j'habitais — et la plaine Saint-Denis, alors entièrement déserte, — et qui représentait la mer comme l'autre versant, mais sous un autre aspect, ondulant tout entière, verte au mois de juin et blonde au mois d'août, et roulant ses vagues d'épis. Nous arrivions à Saint-Ouen, — nous passions dans l'île, — et là avec un morceau de cervelas, et quelquefois un litre de vin violet nous faisions les meilleurs repas que j'aie faits de ma vie.

L'hiver qui suivit le premier été que je passai dans mon bois fut au moins aussi solitaire, beaucoup moins gai, mais aussi heureux. — Je lisais et j'écrivais. — Le second été fut plus gai, un peu moins solitaire et moins heureux. — J'avais fait quelques connaissances parmi mes confrères des journaux et le groupe que nous formions fit cinq ou six fois dans l'été des dîners et des soupers très-différents de ceux de l'île Saint-Ouen, — qui continuaient à avoir lieu, — mais seulement pour moi seul ou pour mes deux anciens camarades avec moi.

C'est là que je connus Briffaut, Lassailly, Alboise de Pujol, Maurice Alhoy ; — tous quatre sont morts depuis, — les deux premiers sont morts deux fois, car leur corps a survécu à leur âme ; — pour le second pendant quelques mois, pour le premier pendant de longues années. Briffaut avait de la verve plutôt que de l'esprit, du métier plutôt que du talent. Il faisait très-passablement l'article du petit journal et était surtout un convive amusant et plein d'entrain. Pour Lassailly, c'était une autre affaire.

Dans les arts comme dans la littérature, il y a deux rives à un grand fleuve profondément encaissé au fond d'un précipice; sur la première rive verte, unie, peignée, s'épanouissent toutes sortes de pâquerettes et de bleuets — et de petites fleurs sans épines et sans nom — dont rien n'empêche le premier venu de se faire des bouquets ou de se tresser des couronnes; mais toutes ces couronnes et tous ces bouquets sont les mêmes; — il y en a d'un peu plus gros, d'un peu plus petits, — cela s'explique par un peu plus ou moins de travail et de patience.

Je veux parler de ces succès faciles, sans audace, sans lutte et sans gloire, — à la portée de tout le monde, — de ces *poncifs* où le dernier est calqué sur l'avant-dernier et celui-ci sur le précédent, — où l'on compose non avec des idées à soi, — non avec des mots à soi, mais avec des phrases toutes faites — et avec des pages empruntées. — On n'écrit rien qui n'ait déjà été écrit; et les habiles, rien qui n'ait été applaudi. — On ne tombe pas et on ne s'égare pas, parce qu'on marche dans de belles petites allées sablées, ratissées, bordées de buis nains et de mignardises, — et qu'il y a un garde-fou du côté du fleuve et du précipice. — Les promeneurs qui cueillent des fleurs sur cette rive et font des bouquets et des guirlandes avec ces fleurs sont destinés à fournir, au moins pour la moitié, le remplissage des académies.

Sur l'autre rive, — de l'autre côté du fleuve et au delà des précipices, — sont les belles fleurs des rêves et les roses bleues si terriblement épineuses : la pervenche de J.-J. Rousseau, — le chèvrefeuille qui ombrage le tombeau de la fille d'Yung,— le lotos d'Homère,— le rameau d'or de Virgile, — la petite fleur jaune qui brille sur la fenêtre du condamné de Victor Hugo ; — c'est-à-dire — les beaux livres écrits non avec de l'encre, mais avec le sang du cœur, — les livres que l'on a vécus avant de les écrire, et que l'on a vécus au-dessus de la vie humaine.

La foule des versificateurs, des écrivains, des artistes, des *hommes de lettres* reste paisiblement sur la première rive. — Quelques-uns, — qui ont des ailes, — s'élancent par-dessus le fleuve et les précipices, et descendent sur l'autre rive. — Quelques autres, qui n'ont pas d'ailes, — mais qui ont des jarrets d'acier et un cœur de bronze, descendent parmi les pointes des rocs jusqu'au fleuve. — Ils se jettent dans l'écume et les courants, gagnent l'autre bord, reprennent leur chemin sur les rochers et les ronces et parviennent dans le jardin des roses bleues.

Mais il est une race intermédiaire, — très-supérieure à ces promeneurs paisibles du petit jardin, mais inférieurs cependant, moins par l'âme que par la force, aux quelques privilégiés qui errent peu nombreux sur la rive opposée.

Quelques-uns s'élancent par-dessus le garde-fou et tombent brisés sur les rochers ou noyés dans le fleuve; d'autres descendent et arrivent, les pieds sanglants et déchirés, jusqu'au fleuve, où le courant les entraîne, — d'autres encore traversent le fleuve et ne peuvent remonter le précipice.

Les hommes de cette race, très-supérieurs à ceux qui réussissent, qui s'enrichissent, qui règnent sur la première rive, sont appelés fous et subissent le mépris de ceux qui les regardent tomber en s'appuyant sur le parapet. Lassailly était de ces hommes-là.

Lassailly dédaignait les routes bordées de buis

et de mignardises, et il avait enjambé résolûment le garde-fou. — Et il passa toute sa vie à descendre laborieusement les rocs aigus qui conduisent au fleuve. — Il ne s'est même pas noyé dans le fleuve, il est mort à la peine, — les pieds sanglants, déchirés,—dans quelque anfractuosité,—où il est tombé sur quelques touffes d'herbe parfumée de thym.

Cette dernière phrase demande à être expliquée. Je me contente pour le moment de dire qu'elle le sera.

Je n'ai jamais rien su de positif sur les commencements de Lassailly. — Je n'écris pas de biographies ; — je me rappelle, en causant, les nombreux amis et compagnons qui sont partis avant moi — et je ne rappelle que le contact que j'ai eu avec eux.

Lassailly était, je pense, d'Orléans. — Il avait été éprouvé de bonne heure par de cruels malheurs de famille. Son père, je crois, s'était noyé volontairement.

Lassailly était poëte.— Il faut, avant d'aller plus loin, que je définisse ce que j'appelle poëte.

Voici un homme qui s'avance d'un air fier et magistral. — Il s'est rendu habile à toutes les puérilités des vers. — Il est capable, comme certains gribouilleurs, aujourd'hui oubliés, de faire des vers dont les longueurs diverses présentent aux yeux la figure de deux ailes ou d'un cœur, ou d'une hache. Il prétend qu'il a « dompté le mètre, » parce qu'il a non pas imaginé, mais retrouvé et copié cinq ou six rhythmes laborieux et justement abandonnés, qui donnent plus d'entraves à la pensée, ou plutôt obligent de n'y pas mettre de pensée.

La poésie pour lui, — c'est d'abord des rimes riches, — c'est-à-dire des mots qui n'ont d'autres raisons de figurer ensemble que celle-ci : qu'ils finissent par le plus grand nombre de lettres pareilles. Il commence par chercher ces mots — et les met au bout des lignes qu'il s'occupera plus tard de remplir.

Puis il cherche des obstacles factices, — comme on place des haies et des fossés pour le steeple-chase. Ici il faudra, après tant de syllabes, que l'on tombe sur la fin d'un mot ; ensuite, nous ferons venir des vers trop courts pour qu'on y puisse mettre quelque chose ; — puis une petite attrape ; — l'oreille est habituée à un repos, — il faut déplacer ce repos. — Dieu sait dans quel état se trouverait une pauvre idée que l'on obligerait d'entrer là-dedans ; à peu près à l'état où se trouve Mandrin après la torture des brodequins, ou une jolie femme de profession qui, un soulier étant donné, y fait entrer un petit pied meurtri, déformé, désossé, jusqu'à ce que, au rebours des principes mathématiques, le contenant soit plus petit que le contenu.

On n'a pas tardé à voir que cela disloque l'idée et fait crever le vers. — On a cherché alors des idées maigres, — comme les femmes sans formes sont celles qui suivent le plus facilement les prescriptions de la mode. — Cependant l'idée, comme les femmes maigres, ayant encore certaines proportions et certaines dimensions gênantes, on fait comme les tailleuses qui empaillent les robes qu'elles exhibent en montre ou les mettent sur des cerceaux.

Je n'ai pas besoin de dire que cet homme, après de longues années de travail, peut arriver à être versificateur, mais qu'il n'est pas un poëte.

En voici un autre : — Il s'étonne avec raison qu'on ait prétendu donner comme modèles éternels à la littérature française des écrivains d'une époque où l'on ne faisait que des traductions, des imitations, des pastiches grecs et latins. — On ne peut pas plus prendre pour modèles éternels Boileau et Racine, que les traductions de Delille et de Biteaubé, — pas plus qu'on ne donnera pour modèles aux

peintres des gravures et des lithographies, — et alors que fait-il? Au lieu de copier les écrivains les plus parfaits de cette époque, il lèvera l'étendard de la révolte, il brisera ses fers, il proclamera l'indépendance; et cela fait, il copiera avec la même servilité les écrivains d'une autre époque qui avaient en réalité plus de génie et plus de spontanéité. Il copiera à la façon des Chinois qui, ayant reçu pour modèle d'un service de porcelaine une assiette fêlée, copièrent tout jusqu'à la fêlure, qu'ils reproduisirent sur 750 pièces de porcelaine. — Il se donnera autant de peine pour reproduire une mauvaise rime — qu'il s'en donnerait pour en chercher une bonne. — Il sera fier de mettre à la fin de deux lignes parallèles : — rosiers
— extasiés.

Vous lui dites : cela ne rime pas. Il vous répond qu'il y a des exemples. — Il y a des exemples aussi de boiteux et de borgnes, et on ne se casse pas une jambe, on ne crève pas un œil à ses enfants pour cela. — Il vous répondra alors qu'il ne faut pas exagérer les difficultés de la versification. Mais, un peu plus bas, il fait deux vers vides pour placer une rime *riche*. — Homère était aveugle, — Cicéron avait une verrue sur le nez, — Caton portait une barbe négligée, — Coclès était borgne, — un des Scipions avait un nez démesuré, — Byron avait un pied bot. — Sont-ce des exemples? Il y a, certes, dans les arts et dans les lettres certaines familles; — quand on a découvert de quelle famille on est, il est naturel de vivre pendant quelque temps avec ses ancêtres, jusqu'au jour de la majorité ou de l'émancipation. — L'enfant ressemble à son père ou à sa mère, tant qu'il est enfant; mais il vient un jour où le dedans fait son empreinte au dehors, et où on prend son air à soi, où l'on a son visage à soi. Mais à quoi bon prendre des modèles dans les arts et dans les lettres? Vous n'êtes écrivain, comme vous n'êtes artiste, que si par votre propre cœur vous ajoutez au trésor de l'art quelque chose qui n'aurait pas existé si vous n'étiez pas né. — Si vous n'êtes pas une couleur, vous devez être au moins une nuance entre deux couleurs.

Autrement, au lieu de lire vos copies, vos imitations, vos pastiches, le lecteur, qui n'est pas ennemi de lui même, le lecteur qui sait lire, préférera lire une seconde fois ceux que vous imitez. On ne mange de conserves que quand on n'a pas de fruits.

Celui-là non plus n'est pas un poëte; celui-ci trouve que la langue s'est appauvrie par la bégueulerie, et il a raison. — Il recherche et reprend un certain nombre de beaux mots expressifs tombés en désuétude, comme les belles armes trop pesantes de nos ancêtres que l'on a mises dans nos musées. — A cette trentaine de mots, il en ajoute une cinquantaine, que l'on a raison d'abandonner. — Toujours, dit-il, pour refaire la fortune de cette pauvre langue française que des tuteurs négligents ont laissée s'amoindrir; mais il ne se sert plus que de ces quatre-vingts mots. — Ce n'est pas un poëte non plus, n'est-ce pas?

Rangez-vous respectueusement. — Celui-ci est un maître, — un vrai maître. Il sait toutes les finesses de la langue. — Il prend une idée, il la tourne, la retourne, et, sous son regard opiniâtre et fécond, l'idée devient nette et brillante, et épanouie, — comme sous les rayons du soleil la graine confiée à la terre devient arbre, fleurs et fruits.

Selon le sujet qu'il traite, il vous arrache des larmes d'attendrissement ou fait couler des larmes d'admiration, il vous calme ou vous irrite; — il éveille dans votre cœur l'amour ou la haine; — il berce et endort vos douleurs ou les fait revivre; — il vous traduit en noble, riche et beau langage, vos pensées confuses et inachevées. Découvrez-vous la tête : celui-là est un modèle. Il a fait des vers aussi beaux qu'aucuns qui soient dans la langue française. — Saluez le maître, — étudiez-le, admirez-le. Mais ce n'est pas encore là le poëte, c'est un grand écrivain, — et nous lui devons beaucoup. Son talent, son génie sont dans ses livres, mais il n'y est pas lui-même.

Écoutez-le : — il parle des nuits qu'il a passées sous un balcon, avec sa guitare et sa dague. — Il vous émeut, il vous anime. — Peut-être vous enverra-t-il sous les balcons avec une guitare et une dague. — Mais lui, il n'a jamais eu ni dague ni guitare, — il n'a jamais chanté la nuit sous les balcons ; — il aimait mieux souper dans des chambres chaudes, et il craignait le rhume.

Écoutez-le: — il vous parle du mépris de la vie, des humiliations et des dangers de la patrie. — A ses chants peut-être se lèvera Jeanne d'Arc, — peut-être s'armera Guillaume Tell, — ou Charlotte Corday, et lui cherche un autre sujet pour ses chants, — un autre succès pour demain.

Le poëte, — c'est Byron qui parle de Léandre et traverse lui-même le détroit, — qui chante la délivrance de la Grèce, et va mourir armé parmi les Grecs.

C'est Lamartine qui écrit les *Girondins*, et qui, sur la place publique, bravant la rumeur populaire et les fusils qui le tiennent en joue, ne trouve dans le danger que de plus nobles inspirations et une plus grande puissance.

Le poëte, c'est encore Horace, qui aima vraiment les femmes qu'il a chantées.

Lassailly était un poëte de peu de talent, — mais c'était un poëte. — Il ne parlait pas trop bien de l'amour; mais il était amoureux — et amoureux à la façon des poëtes.

Lassailly vit un jour aux Tuileries une femme et se mit à la suivre. A la grille de la rue de la Paix, elle monta dans une calèche traînée par des chevaux vigoureux. — Lassailly essaya de suivre la voiture à la course, mais il ne tarda pas à la perdre de vue. Sa destinée était fixée ; — il devait désormais vivre et mourir pour cette femme. Il alla tous les jours aux Tuileries et la rencontra quelquefois. Un soir, il était, je ne sais comment, aux Italiens. Il l'aperçut dans une loge. Cette loge était à elle. A la sortie, Lassailly la vit monter en voiture. Cette fois, comme il faisait nuit, il osa courir sérieusement, il arriva aussi vite que les chevaux, et vit où elle demeurait. — C'est tout ce que j'en ai jamais su, — sa demeure et sa loge aux Italiens ; — peut-être lui-même n'en a-t-il jamais su davantage. Le reste de sa vie se passa à obtenir des billets pour le parterre du Théâtre-Italien — et à conquérir des gants paille. — La représentation finie, la voiture partie, il serrait ses gants dans du papier, — rentrait chez lui et commençait à songer aux moyens de se procurer des billets pour la représentation suivante. — Dieu sait que de génie il dépensa pour y arriver, et je ne crois pas qu'il ait jamais manqué une représentation. — Il s'affilia à quelques journaux ; — il ne leur demandait pas d'argent, mais seulement des billets pour le Théâtre-Italien. — Du reste, nous lui en donnions tous, quand nous en avions. On l'a vu se mêler à la claque un jour qu'aucun de nous ne put lui donner de billet, et que ceux probablement auxquels il s'adressa ne purent pas ou ne voulurent pas lui donner d'argent pour en acheter un. Chose étrange ! pour ma part je l'ai connu pendant de longues années, il me tutoyait même quelquefois, il m'a quelquefois importuné, persécuté à ce sujet. Une fois ou deux il m'a demandé de l'argent, mais jamais pour autre chose que pour pouvoir entrer aux Italiens, ou pour renouveler ses gants paille qui, malgré des soins héroïques et infatigables, devaient cependant quelquefois être remplacés. Ces deux préoccupations absorbaient toute sa vie. Ce n'est que par intervalles et dans ses moments perdus qu'il s'occupait de la gloire, de l'immortalité, de la fortune et du dîner. Mais sauf le dîner qu'il traitait avec assez de dédain, — parce que cela n'avait aucun rapport avec la femme aimée, il pensait sérieusement à la gloire et à la fortune qui pouvaient le rapprocher d'elle, et il a fait quelques ouvrages très-supérieurs au bagage littéraire de bien des gens qui se sont enrichis et ont acquis « une réputation. »

Un jour, il rencontra Balzac ; Balzac avait une idée fixe, — c'était de trouver pour ses livres ce que Raphaël et tant d'autres peintres et sculpteurs ont trouvé pour leurs tableaux : — des élèves, des manœuvres, des praticiens qui lui permissent de produire davantage ; — il avait le travail lent et malaisé, et il craignait de n'avoir pas le temps de mettre en lumière tout ce qu'il sentait naître en son cerveau.

Balzac avait le million facile. — Il rêvait des fortunes immenses. — Il en parlait avec tant de conviction et d'entraînement que, pour le plus grand nombre, les projets les plus chimériques finissaient par devenir des choses toutes simples. — Il n'eut pas de peine à s'emparer de Lassailly, et un jour il l'emmena aux *Jardies*, mauvaise petite propriété qu'il avait achetée près de Saint-Cloud, et dans laquelle, telle que Balzac la voyait, Saint-Cloud n'eût pas été à l'étroit.

On arriva aux Jardies à midi. — On dîna. — Après dîner Balzac donna à Lassailly quelques volumes et lui communiqua un sujet historique — Puis il sonna. — Un domestique parut; Balzac lui dit :

— Menez monsieur à sa chambre. — Vous allez aller vous coucher et dormir, dit-il ensuite à Lassailly ; on vous réveillera quand il en sera temps.

Lassailly obéit. On le mena dans une chambre obscure, fermée par des volets et d'épais rideaux. Il se déshabilla et se coucha, mais ne put dormir jusqu'à onze heures, temps qu'il employa à penser à la *donna* des Italiens.

A minuit, on le réveilla en lui apportant une lampe et une soupière de café. — Balzac, qui avait fait comme lui, mais avait dormi, l'attendait dans une autre chambre où il était déjà à l'ouvrage.

— Retournez dans votre chambre, lui dit-il, et travaillez jusqu'au jour. On vous portera du café toutes les heures ; écrivez tout ce qui vous viendra sur le sujet que je vous ai donné.

Lassailly retourna à sa chambre, but le café, ouvrit les livres, et s'endormit jusqu'au jour. A ce moment, Balzac le faisait appeler.

— Qu'avez-vous fait ?

— Hélas ! rien.

— Nous serons plus heureux demain ; nous allons déjeuner. Voici votre billet pour les Italiens. — Ainsi, après le déjeuner, vous irez dormir jusqu'à sept heures.

Après le déjeuner, Lassailly alla se coucher et ne dormit pas. — Il alla aux Italiens et rentra à pied aux Jardies. — Il but la soupière de café et s'endormit profondément.

Le matin, Balzac qui s'était levé à minuit et avait écrit toute la nuit, le fit demander.

— Qu'avez-vous fait ?

— Rien.

— C'est que vous n'êtes pas encore habitué.

— Non ; je suis un misérable, je ne mérite pas vos bontés.

— Ne vous inquiétez pas, j'ai eu aussi un peu de peine à suivre ce régime, mais aujourd'hui j'y suis fait, et je m'en trouve on ne peut mieux.

La nuit suivante, Lassailly lutta contre le sommeil en s'enfonçant des épingles dans les cuisses. — Le matin, quand on l'appela, il avait fait .. un sonnet pour la donna des Italiens. — Il se dirigeait tristement et la tête basse vers le cabinet de Balzac. — Mais, voyant ouverte une porte qui conduisait dehors, il prit la fuite à travers la campagne et ne revint plus.

On fut ensuite très-longtemps sans entendre parler de Lassailly. Tout porte à croire qu'il avait repris son ancienne existence très-momentanément interrompue par le court rêve de gloire et de fortune que lui avait fait faire Balzac.

Un jour, je reçus la lettre que voici :

« Mon cher ami,

» Veux-tu partir demain matin pour la Bresse? Je te conterai en route, dans le coupé de la voiture, une histoire qui t'indignera. Va chez un certain M. Pommier et tu signeras une protestation pour que l'on me rende la liberté et la vie aussi.

» Il serait bon que l'on renfermât à leur tour mes prétendus amis, Alfred de Vigny et Antony Deschamps qui me tiennent en prison. J'attribuais d'abord cette persécution à M. Thiers, — mais j'étais bien injuste.

» Ton ami, qui ne sera jamais ton persécuteur.

» Ch. Lassailly. »

J'allai aux informations, et l'on me dit : Lassailly est fou et dans une maison de santé, où de Vigny et Antony Deschamps l'ont fait entrer. Il ne reconnaissait plus personne. Il mourut, je crois, peu de jours après. Quelques instants avant sa mort, il eut une demi-heure de lucidité. Il raconta ce qui suit à un homme qui était auprès de lui :

« Pendant qu'on m'a cru fou et mourant, j'ai été clairvoyant au plus haut degré, et j'ai vécu plus que je n'avais fait dans toute ma vie. Tous les jours, à l'heure où l'on me laissait seul, parce que je faisais semblant de dormir, elle venait me voir. — On lui avait dit que je mourais, — que je mourais pour elle.

» Éléonore a compris ses devoirs envers Torquato Tasso. — Elle m'apportait un bouquet, causait avec moi, — me récitait mes vers qu'elle sait par cœur, et me parlait de notre avenir. Puis elle partait un peu avant l'heure où l'on venait m'apporter à dîner, en me donnant un baiser sur le front.—J'entendais alors rouler sa calèche — et il me semblait qu'elle me roulait sur la tête, ce qui me faisait beaucoup de mal. Elle est venue aujourd'hui, voici le bouquet; — elle m'a dit des vers, mais quels vers!—Il m'était venu cette nuit dans la tête les plus beaux vers que j'aie jamais faits, — je les voyais dans un brouillard, mais je n'avais pas pu les faire, parce que hier sa calèche m'avait roulé trop longtemps sur la tête. Eh bien! ces vers elle les sait comme les autres et elle me les a récités; — ils sont bien beaux! — Quand elle a voulu partir, elle s'est penchée sur moi comme de coutume,—je l'ai repoussée doucement en lui disant — ce qui était vrai : Vous m'avez donné hier votre trente-neuvième baiser, — mon âme n'en peut supporter davantage. Aujourd'hui, ce serait le quarantième et j'en mourrais. — Elle ne m'a pas cru; — elle a déposé sur mon front le quarantième baiser,— et je vais mourir : — belle mort pour un poëte! »

Alors il s'endormit et ne se réveilla pas.

Jamais on n'a pu savoir si ce qu'il avait raconté

était une hallucination de son imagination en délire, ou si la femme qu'il avait aimée, et qui n'a peut-être jamais su cet amour, avait appris par hasard et cet amour et cette triste fin qui approchait, et si elle vint en effet, au chevet du lit du poëte, l'endormir dans son beau rêve. — Quoi qu'il en soit, il avait un bouquet de violette encore frais à la main, et on assura qu'on avait vu plusieurs jours de suite une calèche s'arrêter à quelques portes de celle où mourait le pauvre Lassailly.

Ainsi s'explique cette phrase métaphorique dont j'ai annoncé l'explication : — Il est mort dans une anfractuosité de rochers, sur quelques touffes de thym.

IX

ROSES NOIRES ET ROSES BLEUES

Pour Briffaut—il disparut tout à coup, et le bruit de sa mort se répandit. — Dix ans plus tard, on apprit qu'il était fou à Charenton; il est mort il y a, je crois, deux ans.

Maurice Alhoy était un garçon d'esprit; — il a fondé vingt journaux dont quelques-uns existent encore, et ont fait la fortune de plusieurs. — Il a composé des romans, des pièces de théâtre; il a obtenu des succès—et il a vécu et est mort pauvre. Quelques usuriers auxquels il s'était livré l'ont toujours persécuté; il avait beaucoup d'esprit, beaucoup d'invention, beaucoup de ressources, de sorte qu'ils ne se sont jamais découragés. — Voici une réponse qu'il fit un jour à M. Boulé, qui publiait le sixième ou septième *Figaro*. Maurice Alhoy avait fondé le premier. M. Boulé avait écrit à Maurice Alhoy, pour lui demander sa collaboration, et le prier de venir prendre sa place à un dîner d'installation.

« Je remercie mille fois monsieur Boulé de son aimable invitation; mais on a mis entre elle et moi les grilles d'une prison. Une vieille dette, qui date de la naissance de mon *Figaro* à moi—le premier—s'est réveillée et me fait faire quarantaine à Clichy. Je ne vous enverrai pas moins des articles qui ne sentiront pas l'ennui de la geôle. — Mon esprit ne se croit pas enfermé, etc. »

Alboise était un brave garçon — qui avait été, je crois, un peu magistrat. — Il faisait des drames pour les théâtres des boulevards, et obtenait parfois des succès que mangeaient généralement les jeunes premières qui jouaient dans ses pièces. Il ne manquait pas d'instruction, était bien élevé, généreux, honnête et très-résolu dans l'occasion.

Je me rappelle qu'il vint un jour me demander à dîner dans mon bois avec deux femmes. — L'une était un premier-rôle de drame, qui, pour le moment, grignotait le succès de la *Tireuse de cartes;*

— l'autre était une amie de celle-ci. — Je les fis
dîner avec de la soupe aux choux et un gigot. —
Une de ces dames se blessa à un pied. On fit chercher un fiacre. Il était tard. Le messager ne revint
pas. Il fallut combiner une hospitalité difficile, vu
l'exiguïté du logis. — Je livrai l'appartement, et je
m'installai dans le jardin. C'était une belle nuit
d'été. Nous fîmes du punch; puis chacun venait à
son tour me tenir compagnie.

Longtemps après j'appris que l'amie du premier-
rôle —elle s'appelait Caroline — ayant pour amant
un directeur de théâtre qui avait fait de mauvaises
affaires — avait montré une singulière énergie et
l'avait décidé à se tuer avec elle.

Passablement d'années après — il vint un moment où ne voyant plus rien devant moi dans la
vie, je trouvai un poignant intérêt à rappeler mes
jours passés, — à rechercher mes souvenirs. —
J'avais un peu d'argent, je songeai à acheter
mon bois de Montmartre. — Là, me disais-je, refleuriront tous les ans mes joies et mes chers rêves,
avec les violettes et les marguerites.

J'allai à Montmartre. — La montagne de Montmartre avait atteint son but longtemps cherché,
c'était de devenir une plaine. — Mon bois était de-

puis longtemps vendu en fagots, — le jardin tombé au fond des carrières, — le terrain aplani ; et sur la place, — à cent pas plus bas, on avait élevé trente maisons, dont chacune valait dix fois plus d'argent que n'en avait valu mon bois.

X

ROSES BLEUES

Une des îles que j'ai essayées était rue Vivienne, n° 8, au fond de la cour, à quelques maisons de la librairie de Michel Lévy. S'il était difficile d'avoir une île plus centrale, il n'était pas non plus facile d'en trouver une plus escarpée. — C'était au quatorzième étage. — Peu de gens ayant, je crois, demeuré au quatorzième étage, ce point semble demander une explication. Le propriétaire de la maison, M. Th....., qui est, je crois, à peu près ministre quelque part, n'avouait que sept étages; mais chaque étage était divisé en deux et séparé du précédent et du suivant par un double carré. — De deux en deux carrés, on avait placé deux chaises, — témoins quadrupèdes contre la prétention du propriétaire. La maison y est encore, — du moins je le suppose, car il y a six ans que j'ai quitté Paris, et lorsque j'y suis allé, il y a deux ans, je n'ai rien regardé. Après le treizième étage, l'escalier paraissait terminé, et une petite porte semblait devoir être celle d'une mansarde sous les toits, mais, cette porte ouverte, au lieu d'une chambre, on voyait un petit escalier raide et étroit, que les contempteurs des beaux-arts ou les ennemis du propriétaire auraient pu traiter d'échelle sans paraître altérer la vérité. — Cet escalier conduisait à une plate-forme qui couvrait la maison en forme de terrasse; au milieu de cette terrasse, qui donnait du jour par des vitrages grillés à quelques chambres de l'étage inférieur, s'élevait une sorte d'autre maison composée de deux ateliers et de quatre petites chambres. — La terrasse, qui s'étendait sur tout le corps du bâtiment, autour des ateliers et des chambres, était entourée d'un mur à hauteur d'appui et revêtu de pierres plates, desquelles sortaient des tringles de fer destinées sans doute à retenir quelques vases.

Ce logis appartenait à un peintre nommé Massé et avait, je crois, été bâti pour lui par M. Th... qui était de ses amis. — Il ne payait le loyer que mille francs par an, et me proposa de m'en céder une partie, c'est-à-dire deux des chambres et le plus petit des deux ateliers. Nos deux ateliers communiquaient par des portes ouvertes dans l'épaisseur d'un gros mur. Massé en ferma une de son côté et moi une du mien. Cela nous faisait à chacun une armoire, — et nous permettait de passer d'un atelier dans l'autre quand nous le jugions à propos — après avoir échangé un signal convenu. C'est là que se passa l'histoire que j'ai racontée autrefois « de tant de charmes et de la vertu même. »

Nous avions chacun en propre une des grandes terrasses desquelles on voyait toutes les cheminées de Paris. C'est là, en écoutant les admirations de quelques bourgeois qui venaient voir Massé, que je fis cette remarque que, pour beaucoup de gens, « avoir une belle vue » c'est être placé en un lieu où l'on voit beaucoup de vilaines choses à la fois.

Au moyen des tringles de fer scellées sur le mur de la terrasse, Massé avait orné la sienne de bustes de terre cuite et de groupes de plâtre préservés des injures de l'air par une couche d'huile grasse.

Moi, j'avais créé un double rang de jardins susdendus dans le genre babylonien, — un rang de caisses sur le mur et un second rang au pied de ce même mur. Ce jardin, qui avait d'autant plus besoin d'eau qu'il était plus éloigné du sol, amenait quelquefois des discussions entre Massé et moi. Il m'accusait, avec quelque raison, de dilapider l'eau commune, et ce n'était pas une petite affaire que d'éprouver là-haut, à l'improviste, le manque de quelque chose. Il fallait, tant pour descendre que pour remonter, faire un parcours de vingt-huit étages. Nous prîmes le parti de nous séparer d'eau — et moi celui d'avoir un réservoir particulier pour mon jardin. Graduellement, nous finîmes par avoir assez peu de communications avec la ville. — Le portier nous nourrissait; le matin, nous déjeunions avec du fromage et quelques fruits; — le dîner consistait un jour en beefsteaks, et l'autre en une entre-côte de bœuf, l'un et l'autre garnis de pommes de terre. S'il nous venait quelques amis, un signal convenu faisait ajouter des côtelettes aux cornichons de chez le charcutier, et un supplément de fruits.

Quand malgré notre prévoyance tenue en éveil par notre paresse, il venait à nous manquer quelque chose, nous avions beaucoup de peine à nous décider à « aller à Paris. » — Le plus souvent nous nous proposions l'exemple des Spartiates ou l'exemple des philosophes antiques, et nous nous passions héroïquement de ce que nous n'avions pas ;—d'autres fois nous prenions des fleurets et le premier touché allait faire les provisions. Massé, du reste, sortait plus que moi, — il dînait au moins une fois par semaine chez une certaine tante qu'il avait rue Sainte-Anne, et à peu près aussi souvent chez son ami Th.....

Moi, j'étais quelquefois une semaine sans « aller à la ville, » et Dieu sait, après qu'on est resté huit jours sans sortir, — quand on a rompu pendant une semaine certaines habitudes bêtes et sans cause qui vous attachent par mille petits fils, comme Gulliver chez les Lilliputiens ; — Dieu sait comme on a envie de ne jamais sortir. J'ai habité depuis beaucoup plus loin de Paris, du moins en apparence, et j'y venais plus facilement. Pendant quinze ans que je suis resté sur les rives de l'Océan, plus ou moins loin du Havre, — combien de fois, après avoir commencé une lettre ennuyeuse, l'ai-je déchirée, pris ma canne, et montant d'abord dans la diligence, plus tard dans un wagon, combien de fois suis-je venu dire aux gens ce que j'avais commencé à leur écrire! Combien d'autres fois, — un jour de fête ou un jour de tristesse, — suis-je venu dîner à Paris avec des amis qui le même soir me reconduisaient au chemin de fer, de telle sorte que le lendemain matin je déjeunais chez moi, après avoir fait cent vingt lieues. J'hésitais beaucoup plus à venir à Paris du haut de ma terrasse de la rue Vivienne. C'était à la fois trop de mouvement et pas assez de distance. — Il y a quelque chose qui plaît à l'imagination à faire cent vingt lieues pour dîner avec des amis; cela vaut la peine qu'on se dérange. — Jusqu'au moment où j'ai quitté la France pour Gênes, je n'avais jamais vu de lauriers-roses en pleine terre et voici pourquoi : — étant très jeune, j'avais failli partir pour la Grèce pour voir les lauriers-roses bordant les rives de l'Eurotas, comme les saules à l'île Saint-Denis;— mais, ayant appris qu'il y avait des lauriers-roses à Marseille, j'avais renoncé aux lauriers-roses. — J'ai vu la femme la plus légère, la plus inconstante qui ne fut peut-être jamais, — suivre opiniâtrément jusqu'à Gênes un amant qu'elle n'aimait guère et qui la fuyait. — Certes, elle l'eût laissé avec plaisir et se fût trouvée bien débarrassée s'il n'avait fait que quitter la Chaussée-d'Antin pour le faubourg Saint-Germain.

Il ne faut pas prendre toujours les choses ex-

traordinaires et les extravagances pour une preuve
d'amour. Ce n'est pas la maîtresse, ce n'est pas
l'amour que l'on aime, ce sont les choses extraor-
dinaires et les extravagances.

C'était si long de descendre et de remonter vingt-
huit étages — pour ensuite avoir fait si peu de chemin, — pour se trouver dans la rue que l'on voit
d'en haut, — où l'on peut, en cinq minutes, aller
quand on voudra, aujourd'hui comme demain, et
conséquemment demain comme aujourd'hui. Et
puis, il faut s'habiller; puis, regardant les humains
du haut de nous (quatorze étages), et surtout du
haut de nos vertus de montagnards, auxquels nous
prétendions avoir des droits aussi incontestables
que ceux des habitants de Schwitz et de l'Ober-
land, — nous trouvions des raisons de dédaigner
le monde, et surtout les habitants de la plaine.
— Mon chien Freyschütz seul me faisait quelquefois sortir le matin, mais je ne tardai à l'accou-
tumer à aller seul se promener au Palais-Royal. —
Je lui avais ouvert un crédit chez le pâtissier du
Perron, qui lui donnait, à prix réduit, des gâteaux
de la veille, et chez lequel il se présentait seul et
assez poliment. — Un jour cependant que je l'ac-
compagnais dans cette promenade pour solder sa

note chez le pâtissier,—il joua un peu brutalement avec le chien d'un bourgeois qui se promenait comme moi et dans le même but. Il vint un moment où l'autre chien parut refuser de jouer avec Freyschütz. — Celui-ci le saisit par la peau du col et le força de galoper à côté de lui. Le bourgeois s'alarma ; j'en eusse fait autant que lui à sa place. — Armé de son parapluie, il s'élança à la poursuite des deux chiens. — Je l'arrêtai par le bras, dans une intention tout à fait bienveillante. — Monsieur, lui dis-je, mon chien ne fait, en réalité, pas de mal au vôtre, — et d'ailleurs je vais vous faire rendre votre ami, — mais remettez votre parapluie dans le fourreau, — il n'est pas habitué aux coups et pourrait se fâcher contre vous.

Mais le bourgeois avait dégaîné et ne se connaissait plus. — Vous, me dit-il, je vais vous en flanquer aussi des coups de parapluie. — J'aurais dû rire, mais je n'avais pas envie de rire ce jour-là, — ou bien, — disons-nous la vérité à nous-même avec la franchise de montagnard que j'étais alors,—les promeneurs s'étaient rassemblés autour de nous ; la vanité se mit en jeu, il me sembla que le public me trouvait offensé par le bourgeois, — qui du reste était tout rouge, et brandissait terriblement son parapluie. — Mon ridicule orgueil n'alla pas cependant jusqu'à croire que je devais laver mon injure dans le sang. — Il me vint à l'esprit l'idée plus raisonnable et plus humaine de laver simplement le bourgeois lui-même dans le bassin du jardin. Je le saisis par les coudes et commençai à le porter vers le point central où pouvait s'exécuter ce projet.

Un homme alors fendit la foule — et prenant mon ennemi du côté opposé — me dit :

— Permettez, monsieur, que je vous épargne la peine...

— De quoi ? monsieur.

— De jeter monsieur dans le bassin.

— Mais, monsieur, c'est moi que monsieur a offensé.

— C'est si peu de chose, monsieur, que vous ne me refuserez pas le plaisir de vous épargner cette petite peine.

Un combat de politesse s'engagea ; — le bourgeois s'esquiva — et mon obligeant interlocuteur — ôtant son chapeau — me dit :

— Monsieur, je suis le docteur Aussandon, qui depuis longtemps cherchais une occasion de faire votre connaissance.

J'ai depuis toujours vu Aussandon, qui, je l'espère, est resté de mes amis. — C'est un homme d'un esprit très-original et qui a beaucoup plus de sérieux, d'intelligence et de talent que la plupart de ses confrères qui se sont élevés aux honneurs et à la fortune, — pour lesquels il n'a jamais voulu rien changer à ses habitudes. Il prenait du reste, — comme je le faisais alors, — les chiens très au sérieux ; — il en avait un qu'il aimait beaucoup ; — mais il l'aimait à la façon dont les femmes spartiates aimaient leurs fils. — Il le conduisit un jour, jaloux de sa gloire, — à une sorte de cirque antique — qui a laissé son nom à une des barrières de Paris, — *le Combat*. Là était un ours célèbre qui avait vaincu, en champ clos, un grand nombre de chiens vaillants.

Le chien d'Aussandon attaqua résolûment Carpolin, — ainsi s'appelait l'ours. — Carpolin était muselé et attaché à un piquet par une longue corde. —Cependant il saisit le chien, le terrassa et s'assit dessus. Aussandon, sans parler, franchit la balustrade, saute dans l'arène, se précipite sur l'ours et le mord. — L'ours saisit à son tour Aussandon, lui ouvre le flanc d'un coup de griffes, le réunit à son chien et s'assied sur tous les deux.

Il fallut employer des barres de fer pour les délivrer, et Aussandon, dangereusement blessé, resta plus d'un mois au lit.

Donc sortant aussi peu, si ce n'est une ou deux fois par mois pour aller à la campagne, — je pensai, avec raison, que je ne me livrais pas assez à l'exercice pour un homme qui y était fort accoutumé — et je décidai Massé à faire des armes. — Quelques camarades vinrent prendre part à nos tournois, — et le voisin du dessous, se fâchant, frappa au plafond avec un bâton. — Nous n'avions pas l'habitude, il faut le dire, de songer beaucoup que nous avions des voisins. — Cette manifestation nous surprit désagréablement — et nous ne crûmes pas devoir en tenir compte. Le voisin frappa plus fort, mais sans succès. — Il s'exaspéra, — monta à notre étage et sonna violemment. — On lui ouvrit et on le fit entrer, — et, avec les formes de la plus exquise politesse, on lui demanda ce qui nous procurait l'honneur de sa visite.

— C'est une plaisanterie, messieurs.
— Pas encore, nous verrons plus tard.
— Vous dansez, vous sautez, vous trépignez.. cela fait un tintamarre affreux chez moi.

— Monsieur demeure dans la maison?

— Oui, monsieur, et précisément au-dessous de vous.

— Serait-ce alors monsieur qui aurait frappé à plusieurs reprises avec un bâton?

— Certainement, monsieur.

— Alors, monsieur, c'est chez vous que nous allions descendre pour nous plaindre de ce procédé.

— Comment! vous plaindre... Eh bien! en voilà une bonne!

— Certainement, monsieur; qu'est-ce que nous vous avons fait?

— Je vous l'ai dit, — vous trépignez, vous sautez à faire trembler la maison.

— Et pourquoi trépignons-nous, monsieur?

— Probablement pour faire des armes, — puisque je vous vois masqués et armés de fleurets.

— Très-bien! — Et vous, qu'avez-vous fait?

— Moi, j'ai frappé au plafond pour vous faire taire.

— Très-bien! — c'est-à-dire que nous avons fai ce bruit pour nous amuser, et que vous, vous en avez fait un pour nous contrarier et nous empêcher de nous amuser. Il n'y a de notre part aucune mauvaise intention contre vous, tandis que votre malveillance est incontestable. — Donc, c'est nous qui avons le droit de nous plaindre, et qui l'avons seuls.

— Alors il faut que je trouve agréable le bruit que vous me faites sur la tête?

— Non, ce bruit doit être très-désagréable, au contraire, mais il n'est pas offensant; il ne s'adressait pas à vous, — tandis que celui que vous avez fait sous nos pieds s'adressait à nous d'une manière blessante.

Notre homme, un peu étourdi de la plaidoirie, descendit se plaindre au portier. — Le portier monta. — Il nous menaça de nous faire donner congé par le propriétaire à son retour de la campagne. — Nous dévouâmes le voisin aux dieux infernaux, — c'est-à-dire qu'une *scie* fut décrétée contre lui. — Quelques détails de *cette scie* se trouvent dans un roman appelé *Geneviève*. En voici un qui n'y a pas sa place. — J'ai dit que les deux pièces de l'appartement inférieur tiraient le jour des vitrages grillés qui étaient sur nos terrasses. — Nous collâmes plusieurs feuilles superposées de papier à sucre sur le vitrage, — et le voisin fut complétement privé de lumière dans deux chambres de son appartement. Au bout de quelques jours il vint à composition. — Nous convînmes de certaines heures pendant lesquelles seules nous ferions des armes, — et le voisin retira sa plainte faite au portier.

XI

ROSES NOIRES ET ROSES BLEUES

Du groupe de maisons entre lesquelles s'étendent les passages Colbert et Vivienne, — Stephen, sur sa terrasse, entendait souvent une voix d'un timbre agréable qui chantait ces chansons qui se chantent tour à tour pendant quelque temps, — semblables aux oiseaux de passage qui viennent, pendant une saison, gazouiller dans les lilas en fleurs. Quand j'ai dit de cette voix qu'elle avait un timbre agréable, c'est tout ce qu'il m'est possible d'en dire avec vérité. Il semblait parfois à Stephen voir la fenêtre, une mansarde d'où sortait la voix ; — parfois une femme se mettait à cette fenêtre, mais alors elle ne chantait pas. Au moyen d'une lunette de théâtre, il vit à peu près le visage de cette femme.—Elle était jeune, élancée et paraissait jolie. Il se procura une lunette plus forte — et ne tarda pas à prendre un plaisir sérieux à la regarder. Sa figure était à la fois calme, douce et sévère; des bandeaux bruns encadraient l'ovale de son visage.—Un jour, il s'aperçut qu'on remuait beaucoup sur le petit balcon de la mansarde. — Au moyen de la lunette, il vit un homme qui travaillait et ajustait quelque chose. La présence d'un homme dans cette chambre le troubla. Pour tout homme, surtout pour tout homme amoureux, un homme inconnu est un animal dangereux, a dit Plaute. *Homo ignotus ignoto lupus.*

Qu'est-ce donc le plus souvent quand on le connaît?

Est-ce un amant? N'est-ce qu'un mari?

C'est peut-être un ouvrier?

Ce qu'on ajustait, c'était une caisse dans laquelle on planta des cobœas, — qui ne devaient pas tarder à abriter le petit balcon. Peu de temps après on installa une chaise, et, pendant la seconde moitié de la journée, la voisine venait s'y asseoir et coudre. Pour l'homme il s'était tout à fait dessiné. C'était un mari ou quelque chose de très-approchant. Le matin, il paraissait en gilet à la fenêtre. — Un jour même il exhiba le museau *mousseux* et *savonneux* d'un homme qui se fait la barbe.

Stephen ne tarda pas à être au courant des habitudes du ménage.

Ce mari sortait vers huit heures et ne rentrait plus que vers sept heures du soir. Ce n'était pas un ouvrier; il serait parti beaucoup plus tôt; c'était très-probablement un employé dans quelque ministère.

Les appointements devaient être minimes, car la femme n'avait pas de servante. — Elle ne paraissait pas à la fenêtre aux heures matinales, où, sans aucun doute, elle s'occupait des soins de son ménage. — Une fois ou deux cependant elle se montra en bonnet de nuit, c'est-à-dire avec un madras sur la tête; mais elle se retira aussitôt. Après midi, elle s'installait à la fenêtre, simplement mais proprement et coquettement vêtue. L'intérêt que portait Stephen à ce voisinage allait toujours croissant. Il s'inquiétait d'un nouveau ruban de cheveux plus soigneusement lissés. — Ce n'est pas pour moi qu'elle fait cela, car elle ne me voit pas et ne sait pas que j'existe. Est-ce pour quelque voisin? — Est-ce simplement par suite du culte que rendent

toutes les femmes aux dieux inconnus, *diis ignotis?*
— Il est probable qu'elle ne chantait pas seulement le soir, mais que le silence relatif permettait seulement alors d'entendre la voix.

Il vint un moment où elle chanta l'air de Bérat :

« Je veux revoir ma Normandie. »

Mais elle disait au second vers :

« C'est le pays *que* j'ai reçu le jour. »

Cette incorrection agaçait Stephen. Certes, il ne s'attendait pas plus à trouver dans sa voisine un bas-bleu qu'une prima-donna, mais il voulait au moins qu'elle parlât comme elle chantait, sans prétention et agréablement. Cet agacement fut porté si loin, qu'un soir il reprit la chanson à son tour, et à gorge déployée, entonna chaque couplet en disant au refrain :

Je veux revoir ma Normandie,
C'est le pays *où* j'ai reçu le jour.

Ou bien : « C'est le pays qui m'a donné le jour, — je ne me rappelle pas bien, — mais, en tout cas, autre chose que : « C'est le pays *que* j'ai reçu le jour. » Les chants de la mansarde cessèrent; — mais, le lendemain, on reprit le même air, sans profiter de la correction indiquée. — Stephen recommença à son tour. On cessa encore de chanter. Le lendemain, ce fut lui qui commença. — Alors on ne chanta pas ce jour-là ni le jour suivant. — Oh! mon Dieu, dit-il, voilà que j'ai offensé ma jolie voisine.

Il prit les *amers*, comme nous disions à la pêche, et chercha à trouver la maison; mais il n'y put jamais réussir. Il fit monter un commissionnaire, lui montra la mansarde, et lui promit une récompense relativement magnifique s'il trouvait la maison à laquelle appartenait cette fenêtre. Le commissionnaire, après trois jours de recherches infructueuses, — revint annoncer qu'il renonçait à la récompense.

Si au moins la voisine avait eu comme lui une lunette d'approche. — C'était bien ce qu'il lui aurait peut-être envoyé avec une lettre d'excuses, s'il avait pu trouver la maison où elle demeurait.

Un jour, Stéphen aperçut un nouvel hôte dans la mansarde : c'était un beau chat angora blanc. Ce chat lui inspira une idée; — il fit rappeler le commissionnaire, et lui dit :

— Crois-tu que ce soit un grand crime de voler un chat?

— Si c'est mon chat que l'on vole, dit le commissionnaire, je trouverai cela très-mal.

— D'accord; mais si c'est toi qui voles le chat d'un autre.

— Euh... ça dépend; si je trouve un chat un peu gras,— dont je ne sache pas le maître,— c'est aussi bon que du lapin.

— Eh bien! écoute; — j'aime les chats, — mais ce n'est pas pour les manger. Applique ton œil là-dessus; qu'est-ce que tu vois?

— Un gros matou blanc à une fenêtre.

— Eh bien! j'aime les chats blancs,— trouve-moi des chats blancs, — je te payerai chaque chat cinq francs, et celui que tu vois quinze francs.

— Mais où est-il?

— Précisément dans cette maison que tu n'as pas su trouver.

— Alors....

— Alors.... il est bien plus facile de trouver, en questionnant dans le quartier, un chat angora blanc,— qui est probablement le seul, — que de demander l'adresse d'une femme sur le signalement de laquelle celui qui parle et celui qui écoute ne sont pas d'accord, et qui, d'ailleurs, ressemble pour les voisins à beaucoup d'autres femmes.

Dès le lendemain, le commissionnaire arriva avec un chat angora blanc.

— Voilà votre affaire, dit-il, mais je n'ai pu réussir à le voler, et je l'ai acheté.

Mais Stéphen lui montra encore l'autre angora au bout de sa lorgnette.

— N'importe; combien l'as-tu payé?

— Quinze francs.

— Les voici, et pour celui de là-bas, je te le payerai vingt francs.

Quelques jours après, le commissionnaire apportait le chat et recevait vingt francs.

En effet, non-seulement le chat ne paraissait plus à la fenêtre, mais Stéphen voyait le mari et la femme se mettre sur le balcon, — au loin et appeler.

Un matin, un commissionnaire se présenta à la mansarde. — Il portait une boîte et une lettre. — Il se retira sans parler.

La lettre disait :

« Madame, vous avez perdu votre beau chat; je vous le renvoie. — Je vais en même temps vous dire pourquoi il vous a quittée : c'est qu'il est seul et s'ennuie d'être seul. — Je le sais par expérience, moi qui passe ma vie à vous regarder, et j'ai eu plus d'une fois envie d'essayer si je pourrais, comme les chats, aller de toit en toit jusqu'à votre balcon.

» Je vous envoie, avec votre chat, — une compagne pareille à lui dont, je l'espère, les charmes pourront le fixer.

» Si vous êtes susceptible de reconnaissance, — faites-moi le plaisir, — quand vous chanterez la *Normandie*, de ne plus dire

> C'est le pays que j'ai reçu le jour.

« *Un voisin qui vous voit et qui vous entend.* »

La boîte contenait les deux chats.
Le soir, la douce voix chanta :

> Je veux revoir ma Normandie,
> C'est le pays qui m'a donné le jour.

Une fois l'adresse connue, Stéphen ne manqua pas de renseignements. Il ne s'était pas trompé.

M. et madame Meunier sont mariés depuis six ans ; — la femme a vingt-six ans, le mari trente-quatre. Ils n'ont jamais eu d'enfants. — Le mari est employé dans les bureaux d'abonnement d'un journal. — Il sort à quatre heures et va consacrer une heure et demie aux livres d'un marchand du quartier. — Le tout compris rapporte 1,800 fr. La femme s'occupe très-soigneusement de son ménage. Ils sortent rarement, — si ce n'est que la femme va au marché et l'homme à son bureau. — Puis, parfois le dimanche, dans la seconde moitié de la journée, ils vont à la campagne, l'été, tout près des barrières, l'hiver sur les boulevards, — soit eux deux, soit avec quelques amis.

Ménage uni, mais calme, comme s'ils étaient mariés depuis cinquante ans.

Depuis l'envoi des chats, Stéphen avait remarqué que si, pendant deux ou trois jours, le mari et la femme avaient également jeté des regards investigateurs sur les mansardes environnantes, la femme avait continué à chercher lorsque, depuis longtemps déjà, le mari n'y songeait plus. Bien certain des heures où l'employé était à son bureau, il envoya des bouquets. Mais, un jour, il vit un de ses bouquets entre les mains du mari qui en respirait le parfum ; il fut indigné.

Il se retira de la fenêtre. — C'était à ses yeux une trahison, quoique en réalité on ne trahît que l'espérance qu'il lui avait plu de concevoir qu'un secret s'était établi entre la voisine et lui.

Son désappointement fut complet, surtout lorsqu'il entendit des applaudissements ironiques.

— Ah! nous avons un télégraphe, — disait le peintre, — nous correspondons avec les mansardes.

L'amoureux qui, impatient d'être deux, ne tend qu'à se réunir et à se confondre en un, avec l'*objet aimé*, — ne supporte pas l'intermédiaire d'un troisième, — d'un spectateur. Stéphen, mécontent de tout le monde, — s'en alla à la campagne, — où il retrouva son bateau.

Un jour qu'il s'était couché et endormi sous d'épaisses touffes de saule, — il fut réveillé par des voix joyeuses et confuses; — six personnes étaient assises sur l'herbe et faisaient un repas champêtre sous une tente improvisée pour les trois femmes.

Stéphen se leva et se retira derrière les saules jusqu'à son canot, en faisant de son mieux pour ne pas être aperçu, et abandonner l'île aux étrangers. Mais son bateau n'avait plus ni gaffe ni avirons. Il les chercha quelque temps, et finit par s'apercevoir que les dîneurs sur l'herbe s'en étaient emparés pour faire leur tente.

Il fut fort embarrassé : — il ne pouvait priver les

femmes de l'abri qu'on leur avait construit; — d'autre part, il mourait de faim, — et la vue de ce gai repas n'était pas fait pour calmer son appétit.
— Il fallait s'en aller; il s'avisa de rompre de grosses branches aux saules les plus éloignés de la salle du festin; il les arrangea convenablement avec son couteau, de façon qu'elles étaient plus nombreuses et plus commodes que les agrès dont on s'était emparé.

Il chargea les perches sur son épaule, entra dans la salle verte, salua poliment et dit :

— Mesdames et messieurs, je vous demande mille pardons de mon importunité. Permettez-moi de vous offrir ces perches, qui sont bien mieux disposées pour faire votre tente que mes avirons et ma gaffe, sans lesquels je ne puis m'en aller.

Après le premier moment d'étonnement un des hommes se leva et dit :

— C'est à nous, monsieur, à vous demander pardon; nous avions parcouru cette petite île en tous sens sans rencontrer personne, et nous avions pensé que le maître du bateau était éloigné pour plus de temps qu'il ne nous en fallait pour notre repas. Notre passeur ne doit nous reprendre que ce soir.

— De plus, ajouta une des femmes avec un fin sourire, nous avions pensé que ce bateau appartenait à un vrai batelier auquel nous pourrions faire accepter le prix de notre emprunt.

Les hommes se mirent en devoir de débarrasser les agrès.

— Permettez, dit Stéphen, que je vous aide à rétablir cet abri, et croyez bien que si je n'étais obligé de m'en aller.... je ne me serais laissé voir qu'après votre festin.

Les étrangers échangèrent quelques regards, et celui qui avait déjà pris la parole dit : Est-il donc tout à fait nécessaire que vous vous en alliez?

— Très-nécessaire, dit Stéphen en souriant.

— Vous avez dit cela en riant, monsieur, dit la femme qui avait déjà parlé.— Je gage que je devine que vous voulez aller dîner.

— Si c'était cela, dit l'homme, et si vous étiez plus affamé que difficile, — vous nous feriez un grand plaisir en partageant notre modeste collation.

— Osez-vous offrir un pareil repas à monsieur? dit l'autre femme.

— Le repas est donc bien mauvais? dit Stéphen; alors j'accepte, car une de ces dames ayant deviné tout à l'heure que je vous dérangeais pour aller dîner, je tiens à ce que vous sachiez que ce n'est pas la gourmandise, mais un besoin réel, une famine sérieuse qui me faisait manquer aux égards que je dois *aux dames.*

On lui fit place, il s'étendit sur l'herbe et prit sa part du pâté, du morceau de veau et du vin d'Argenteuil, qui composaient le menu du banquet. — Il avait été frappé de la voix de la première femme qui avait parlé. — Il saisissait toutes les occasions de la regarder sans affectation.

La conversation devint gaie. Stéphen mangea de grand appétit et remercia plaisamment ses hôtes — comme un naufragé trouvé dans une île déserte — et qui n'aurait pas tardé à devenir anthropophage.

L'un des convives remarqua la franche cordialité qui régnait si vite avec un inconnu et parla de sympathie.

— Tout le mérite est à votre bienveillance naturelle, dit Stéphen, car moi je vous connais. — Madame voudrait-elle me donner des nouvelles de ses chats blancs?

— Quoi, monsieur, vous savez que j'ai des chats blancs?

— Certainement, madame.

— Comment le savez-vous?

— C'est mon secret.

Un peu plus tard, une des femmes fredonna un air et dit à la maîtresse des chats blancs :

— Chantez donc quelque chose.

— Ah! oui, madame, vous qui avez une si jolie voix.

— Qu'en savez-vous, monsieur?

— Oh! je sais bien d'autres choses encore. — Madame, chantez-nous la *Normandie* de Bérat :

C'est le pays *que* j'ai reçu le jour.

La femme rougit — et dit : Ah! monsieur, et moi aussi, je vous connais.

— Vraiment!

— Je vous *connais* pour un *inconnu* à qui je dois de grands remercîments. — Mais comment avez-vous su que j'avais perdu mon chat blanc?

— En ne le voyant plus sur votre balcon et en remarquant votre inquiétude.

— Comment l'avez-vous retrouvé — et comment avez-vous su notre adresse?

— Ceci, c'est encore mon secret.

— *Nous* vous remercions bien sincèrement, monsieur, car *nous* aimons beaucoup notre mouton ; —

c'est l'enfant de la maison, — et la compagne que vous lui avez donnée est aussi belle que lui. *Nous* étions très-affligés, et vous *nous* avez fait un bien grand plaisir.

Stéphen s'impatientait de ce *nous* répété, de cette décision de n'accepter rien que pour son mari et elle réunis. — Il se rappela son dernier bouquet, et il devint silencieux.

Il se chargea de conduire toute *la société* sur le continent, — et on se sépara aussi cordialement qu'on s'était réuni.

Dès le lendemain sa mauvaise humeur était passée. Il était à son observatoire.

M. Meunier, à son retour du bureau, trouva chez le portier une lettre qui en renfermait deux autres, que Stéphen le priait de faire parvenir à ses convives de la veille.

Les trois lettres contenaient une invitation à un nouveau dîner sur l'herbe, dans la même île, pour le dimanche suivant. Il ne donnait pas son adresse, disait-il, pour qu'on ne pût pas le refuser. On ne voudrait pas, ajoutait-il, l'exposer à faire en pure perte les frais immenses d'un pâté et d'un gigot.

Les trois couples furent exacts au rendez-vous, qui était au bord de la rivière. Un bateau couvert

d'une tente attendait les convives de Stéphen : —
on fit une promenade dans un petit bras de rivière,
sous les branches entremêlées des saules, puis on
arriva à la pointe d'une île, où, sous une autre
tente, six couverts étaient mis d'avance. Le dîner
se composait, ainsi que Stéphen l'avait annoncé,
d'un pâté et d'un gigot ; — il aurait cru de mauvais
goût de ne pas être fidèle au programme ; — mais
il se rattrapait sur les accessoires : à côté du verre
pour boire le petit vin rose d'Argenteuil, — un
verre conique portait un bouquet pour chaque
femme et un excellent cigare pour chaque homme,
— de sorte qu'on ne put se récrier sur la magnificence, — car il était impossible que les verres
n'eussent pas d'autre rôle à jouer que de porter les
bouquets et les cigares. — Un peu plus tard, quand
le vin de Champagne parut, on était déjà si bien
ensemble, les esprits étaient si favorablement dispo-
sés, qu'il fut accueilli comme le beau temps, comme
le soleil, comme l'ombre, comme la pelouse verte
sur laquelle on était mollement étendu, comme s'il
fût tombé du ciel, sans qu'on l'attribuât à personne,
sans qu'on songeât surtout à faire à ce sujet des
phrases maniérées et convenues. Il y a dans les
festins entre gens bienveillants qui se plaisent à

être ensemble une première, faible, douce et charmante ivresse qui précède celle des vins ; — c'est celle d'une conversation facile, enjouée, cordiale, naturelle, sans apprêts et sans restrictions ; — on éprouve un bien-être, une santé un peu excessive de l'esprit, du corps et du cœur ; — on sent les autres bienveillants et on se sent bienveillant soi-même. Dans cette situation, le premier verre de vin de Champagne équivaut au dixième dans un dîner officiel ou cérémonieux ; ce premier verre, en effet, n'a qu'à développer la confiance, la gaîté, l'amitié déjà établies, — au lieu que les dix autres ont à changer en confiance, en gaieté, en amitié — la réserve, la préoccupation, l'indifférence, et peut-être pis.

Stéphen, dès le commencement du repas, s'était incliné vers madame Meunier, et lui avait dit : Madame, aurez-vous pitié d'un pauvre garçon qui n'a jamais eu ni maison, ni intérieur, et qui serait fort embarrassé pour faire les honneurs même de cette table rustique ; voudriez-vous bien être la maîtresse de ma maison? A ces mots, madame Meunier avait doucement rougi ; — mais Stéphen, montrant du geste l'île, les arbres et l'herbe, donna à ses paroles un ton plaisant qui empêcha l'embarras que madame Meunier allait éprouver.

Pendant tout le dîner, il s'adressa à elle comme à la maîtresse de *la maison*, — les gens qui servaient avaient reçu des ordres préalables et agissaient de même.

Le soleil descendait à l'horizon et colorait obliquement les peupliers, puis disparut dans l'eau. — Le jour allait finir. Stéphen prit sur une assiette un bonbon en forme de papillote, le présenta à madame Meunier en le retenant par une des extrémités, — un pétard caché dans le bonbon fit une petite explosion, — c'était un signal ; de dessous les saules, à une assez grande distance pour qu'on ne vît personne, il y eut comme une explosion de musique.

D'abord des fanfares joyeuses éveillant les échos, — puis bientôt l'air de Bérat :

J'irai revoir ma Normandie.

Cet air créait un passé entre madame Meunier et Stéphen et les faisait au moins « anciennes connaissances, » il disait à tous deux des choses qu'il ne disait pas aux autres. Puis, la musique s'éloigna et cessa de se faire entendre. Bientôt on parla du retour à la maison ; une des femmes dit avec un soupir : « Nous avons un *joli bout de chemin* à faire. »

On se *leva de table.* Stéphen offrit le bras à madame Meunier et on regagna le bateau.

Tous deux étaient silencieux ; madame Meunier s'embarrassa de ce silence et voulut le rompre, — elle dit au hasard : « Cette musique était charmante. »

— Est-ce que cela vous ennuierait de l'entendre encore ?

— Au contraire.

— Alors cherchez une des papillotes que je vous ai données.

Et madame Meunier présenta à Stéphen un des bonbons enveloppés de papier ; il prit une des extrémités, tandis qu'elle tenait l'autre, et tous deux, le tirant, le pétard fit explosion, — et la musique qui était dans l'ombre, à une certaine distance, sur un autre bateau, — se fit entendre de nouveau.

— C'est une féerie.

— C'est la fée qu'il faut en remercier.

On se promena pendant près d'une heure sur la rivière ; — la lune se levait derrière les peupliers, — la musique continuait à se faire entendre, — enfin on aborda sur l'autre rive.

— Quelle charmante soirée! dit celle des femmes qui avait constaté le « bout de chemin » que l'on avait à faire, — quel dommage que ce bateau ne nous conduise pas jusqu'à nos lits !

Et, en effet, la pauvre femme était grasse et lourde, — la chair de ses pieds débordait de ses souliers neufs, — les hommes avaient un peu bu, — personne ne voyait avec plaisir le chemin à faire pour rentrer.

— Avez-vous encore des papillotes ? dit Stéphen à madame Meunier.

— Oui.

— Alors nous aurons une voiture.

— Comment cela ?

— Parce que, dit-il tout bas, — où je suis, tout doit vous obéir.

Aussitôt qu'on toucha terre, une voix répondit à l'explosion de la papillote, — c'était la voix du cocher d'une grande voiture *omnibus;* — la voiture fit plaisir comme moyen de transport et égaya par son espèce. — Stéphen reconduisit les trois couples, — le couple Meunier le dernier comme voisin ; — il dit bas à madame Meunier : — Combien je vous remercie, madame, du bonheur que j'ai eu à vous regarder pendant cette charmante journée.

M. Meunier avait dormi dans le bateau, — avait dormi dans la voiture, et ne put dire bonsoir à Stéphen que par un prodige de lucidité somnambulique.

A quelques jours de là, Stephen alla voir les Meunier.

XII

ROSES NOIRES ET ROSES BLEUES

Il y avait là une des femmes qui avaient pris part au repas sur l'herbe ; elle dînait chez les Meunier, son mari étant à la campagne. On parla de théâtre. — Je n'y vais presque jamais, dit madame Meunier ; M. Meunier est fatigué le soir et préfère jouer aux dominos, — ça se fait en robe de chambre, — chez soi, et c'est fini quand on veut. Deux fois par an, peut-être, le mari de madame m'y mène avec elle.

Stéphen tira de sa poche un sac de papillotes, prit celle qui était au-dessus — et la présenta par une extrémité à madame Meunier ; — l'explosion fit tomber un papier plié : — ce papier était un coupon de loge de l'Opéra.

— Que joue-t-on ?

— *Guillaume Tell.*

— Quel malheur !

— Comment, quel malheur ? Vous n'aimez pas la musique ?

— Au contraire.

— C'est donc Rossini que vous n'aimez pas ?

— Ah ! Monsieur.

— Alors, où est le malheur ?

— C'est que vos bonbons du diable... nous apportent un fruit défendu, et que j'ai un Adam qui ne mord guère aux pommes que je lui présente.

— Quand Adam va-t-il rentrer ?

— Dans un instant, pour dîner.

— Sait-il que le mari de madame est à la campagne ?

— Non.

— Alors tout va bien. — Madame a une loge ; — voulez-vous bien prendre celle-ci, madame ? — Elle vient dîner avec vous et vous emmène à l'Opéra, — son mari vous y rejoindra.

— Mais puisqu'il est absent.

— Qui le saura ?

— A cette scène du fruit défendu, il manquait le diable.

— Cela veut dire que vous êtes tentée.

— Oui, et cela me procure l'occasion de résister vertueusement.

— Et, dit Stéphen, en portant un regard circulaire sur la chambre, de rester dans le paradis terrestre.

L'amie pria, insista. Madame Meunier fit encore quelques objections pour la forme et finit par céder. Stéphen se retira ; — il fut convenu qu'on ne parlerait pas de sa visite et qu'à sept heures une voiture serait à la porte.

A sept heures les deux femmes descendaient légèrement l'escalier, — . voiture était en bas, — Stéphen était dans la v .ture.

Madame Meunier était contente de sa toilette. — Il n'y a guère de femmes qui, en allant au théâtre, n'espèrent un peu être le spectacle.

Avez-vous, charmante lectrice, entendu quelquefois de belle musique, ayant derrière vous un homme que vous savez amoureux de vous ; avez-vous quelquefois daigné vous retourner, et échanger un regard avec lui, dans certains moments où l'âme se sent doucement emportée ?

Avez-vous senti ce regard, que vous pensiez devoir être fugitif, — rester accroché par un autre regard ?

Et quand vous avez résisté à l'envie de vous retourner, avez-vous senti cet autre regard s'attacher obstinément à vos épaules nues?

Alors, vous savez ce qu'éprouva madame Meunier; jamais aucune Ève ne grignotta la pomme avec de plus belles petites dents.

Le théâtre fini, — Stéphen reconduisit les deux femmes; — madame Meunier exigea qu'on la reconduisît la première.

Le lendemain, son amie vint la voir, et voici la conversation qui eut lieu entre elles :

MADAME DUBOIS.

Dites-moi, ma belle, — pourquoi avez-vous exigé hier soir qu'on vous reconduisît la première? Ne me répondez pas tout de suite; je veux d'abord vous dire les raisons pour lesquelles il en devait être autrement; — d'abord, c'est à vous qu'on avait donné la loge; donc j'étais invitée' et les égards m'appartenaient; — ensuite, M. Stéphen, qui demeure près de chez vous, a fait une course de plus qu'il n'aurait fait, s'il m'avait reconduite d'abord et vous avait ramenée ensuite en retournant chez lui.

MADAME MEUNIER.

Il m'a paru peu convenable de me trouver seule en fiacre avec lui.

MADAME DUBOIS.

Très-bien... Et vous avez pensé que ce qui n'était pas convenable pour vous l'était parfaitement pour moi... Cette fois, je n'ai pas besoin de vous dire de ne pas m'interrompre, vous n'êtes plus si pressée de parler.

Écoutez-moi, ma belle : — on veut bien éviter le danger, mais il est humiliant que les autres aient l'air de croire que vous ne méritez pas ce danger et qu'il passerait à trois cents pieds au-dessus de vous. Suis-je donc si laide,

Ou si vieille,

Ou si insignifiante...

Que vous puissiez penser que cet homme dangereux ne daignerait me faire courir aucun péril?

MADAME MEUNIER.

Je ne dis pas cela, — au contraire...

MADAME DUBOIS.

Cet « *au contraire* » n'est pas heureux; vous serait-il agréable alors que je courusse ce danger à votre place?... ça ne serait pas généreux... Et d'ailleurs, vous en seriez bien fâchée.

MADAME MEUNIER.

Mon Dieu !

Parenthèse. — N'avez-vous jamais remarqué le tic qu'ont la plupart des femmes, de commencer leurs phrases par « mon Dieu, madame. »—Si vous ne l'avez pas encore remarqué, remarquez-le...

MADAME MEUNIER.

Mon Dieu ! ma chère madame Dubois, je vais tout vous dire... M. Stéphen... me fait un peu la cour.

MADAME DUBOIS.

S'il ne vous fait qu'un peu la cour — c'est une affaire de goût, de caprice, — il pourrait bien aussi me la faire un peu à moi.

MADAME MEUNIER.

Vous êtes ennuyeuse... Eh bien, mettez qu'il me la fait beaucoup...

MADAME DUBOIS.

Cela n'est encore rien, si vous y êtes insensible... entre nous, entre femmes, nous savons ce que c'est que la prétendue audace des hommes ; — quand nous étalons nos grandes terreurs, ils pourraient bien nous dire ce qu'un chasseur de ma connaissance disait à une compagnie de perdreaux qui s'envolaient bruyamment : « Ne vous envolez pas, j'ai bien plus peur que vous. »

Vous êtes donc sensible à la cour de M. Stéphen...

MADAME MEUNIER.

Pourquoi me dites-vous cela ?

MADAME DUBOIS.

Parce que, sans cela, il y aurait impertinence de votre part à croire qu'il y a à rester seule avec lui plus de danger pour vous que pour moi, — et il pourrait me venir la fantaisie de vous délivrer de ce danger en le prenant pour mon compte.

Allons... voilà que vous pleurez...

MADAME MEUNIER.

Oui, je pleure, et je pleure bien amèrement.

MADAME DUBOIS.

Alors, embrassons-nous, — et causons sur un autre ton : vous aimez M. Stéphen ?

MADAME MEUNIER.

Écoutez-moi : — M. Meunier a vingt ans de plus que moi. — Cela ne m'aurait pas empêchée de l'aimer, parce que, nous autres femmes, quand nous sommes de vraies femmes, nous ne cherchons pas dans un homme précisément ce qu'il cherche en nous, la beauté d'un homme n'est pour nous qu'en troisième ligne ; — nous voulons nous sentir aimées et protégées avant tout, — et nous voulons pouvoir nous enorgueillir, au moins en dedans, de notre amour. Cette beauté même que nous cherchons chez l'homme, ne se compose pas des mêmes éléments que la nôtre : fraîcheur, éclat, jeunesse ; — nous lui voulons surtout de la force, de la majesté, de la puissance : la jeunesse n'y est pas nécessaire comme à la nôtre.

Mais cette différence d'âge qui ne m'eût pas empêchée d'aimer M. Meunier, l'a empêché, lui, de m'aimer. — Jamais M. Meunier n'a été amoureux de moi ; — il ne me trouve pas très-jolie ; — je ne lui plais que médiocrement ; — nous sommes deux amis de sexe différent, voilà tout ; — l'amour ne se déclare pas spontanément chez le plus grand nombre de femmes, il se communique, *il se gagne* par contagion.

Les hommes très-jeunes aiment une femme parce qu'elle est une femme ; — le sexe représente pour eux tous les charmes, toutes les qualités ; — en amour ils fournissent tout. Ils ne demandent qu'un prétexte pour aimer ; mais, à l'âge de M. Meunier, on ne se contente pas d'un prétexte, on veut des raisons, et de très-bonnes raisons.

Les hommes qui se marient n'étant plus très-jeunes, se marient pour sortir de la vie et de l'amour ;

Les femmes, pour entrer dans la vie et dans l'amour ;

Les hommes carguent leurs voiles ;

Les femmes étendent et livrent les leurs à la brise.

Je suis femme depuis quelques années déjà et je ne connais pas l'amour ; si le ciel m'avait donné un enfant, j'aurais été sauvée.

Je n'ai pu rester insensible — à ce doux sentiment que j'avais deviné et que j'ai reconnu, — auquel la nature et les mouvements de mon cœur me disent que j'avais des droits ; — je ne suis pas sûre d'aimer M. Stéphen, mais je sais que j'aime son amour.

XIII

ROSES NOIRES ET ROSES BLEUES

Un soir, en rentrant, M. Meunier trouva sa femme et Stéphen assis près l'un de l'autre, — sans lumière.

—Pourquoi diable n'avez-vous pas de lumière ?— voyez-vous clair la nuit comme les chats ? — Il ne dit pas autre chose. — Stéphen s'en alla.

M. Meunier — trouva le dîner détestable. — Eh, mon Dieu ! dit-il tout à coup, — quel bonnet vous avez....

— C'est un bonnet, dit madame Meunier, que j'ai depuis « une éternité. »

M. Meunier était sombre, agacé, taciturne; madame Meunier s'efforçait au contraire d'être avenante, gracieuse, complaisante.

— Quand je demandais si vous voyiez clair la nuit comme des chats, — dit M. Meunier, cela s'appliquait à M. Stéphen qui a les yeux verts, et non a toi qui les as d'un bleu charmant.

Décidément ce bonnet est affreux.

— Cependant, — dit madame Meunier....

Et elle cessa subitement de parler; — ce qu'elle avait à dire, c'est que Stéphen avait trouvé qu'il « lui allait à ravir. »

Il lui sembla qu'elle ferait au moins aussi bien de ne pas mettre en lumière cette opinion relative à son bonnet, — et cette pensée la fit si fort rougir que M. Meunier s'en aperçut et la devina.

— Cependant.... — *tout le monde* — n'est pas de cet avis.... c'est là ce que tu allais dire.... n'est-ce pas ?

— Oui.

— Eh bien « *tout le monde* » est un flatteur. — Est-ce que « *tout le monde* » était venu de bonne heure aujourd'hui, qu'il s'est en allé aussitôt mon arrivée ?

— C'est M. Stéphen que tu appelles ainsi ?

— Ce n'est pas moi qui l'ai baptisé, c'est toi; —

quand tu dis que *tout le monde* n'est pas de mon avis, au sujet de ton bonnet, — il est évident que c'est de M. Stéphen que tu parles, puisque tu n'as vu que lui aujourd'hui ; je te demande s'il est venu de bonne heure et pourquoi il est parti si vite?

— Je crois me rappeler qu'il m'a dit qu'il dînait en ville.

— Chez la duchesse ou chez la marquise, probablement.

Cela fait bien — auprès d'une petite bourgeoise — qui voit qu'on lui sacrifie des instants dérobés aux grandes dames.

Comment veut-on que les pauvres maris fassent une figure présentable à côté de ces beaux messieurs ; — nous, on sait tout ce que nous faisons et tout ce que nous ne faisons pas ; — on nous voit le matin quand notre barbe n'est pas faite, et le soir quand nous sommes fatigués et avons sommeil.

— On entre dans les coulisses de notre vie, — on nous connaît enfin, nous ne pouvons jouer un rôle.

Eux, au contraire, ne se montrent jamais qu'en représentation, — les cheveux frisés, — partagés par une raie correcte.

Moi, si je voulais montrer des cheveux frisés, on

verrait aussi des papillottes préalables, et le ridicule l'emporterait, — tandis qu'eux, qui viennent parader pendant une heure ou deux, vous disent et vous font croire qu'ils sont naturellement frisés. pommadés, parfumés, etc. — Si leur raie se dérange, ils disent qu'ils sont obligés de vous quitter pour aller dîner chez la duchesse — et ils disparaissent en laissant derrière eux un sillon lumineux auquel succède une profonde obscurité autour du pauvre mari qui ne peut, lui, faire croire qu'il dîne chez des duchesses, car on lui dirait : Mais tu n'en connais pas des duchesses, —dis donc plutôt que tu dînes à 40 sous par tête, au Palais-Royal, avec ton vieux camarade Galuchet.

Sauf les deux heures par jour que ces beaux messieurs frisés passent auprès de vous autres, dont ils trouvent les bonnets jolis,— vous ne savez de leur vie que ce qu'ils veulent en faire croire ; — ils vous font toujours l'effet de Jupiter qui daigne descendre de l'Olympe un moment pour favoriser une nymphe du bocage d'une attention momentanée ; vous ne savez comment leur exprimer votre reconnaissance, — et de cette reconnaissance ce sont les pauvres maris qui payent les frais.

— Ah ! monsieur Meunier.

— Je parle en général, — ce n'est pas comme ça que je parlerais s'il était question de toi et de moi, — et si *tout le monde* me donnait la moindre inquiétude.

— Quelle est cette nouvelle manie d'appeler M. Stéphen : *tout le monde;* cela a l'air de vouloir être ironique; —tu as aujourd'hui trop d'esprit pour moi; —dis seulement ce que tu veux dire, — ou résigne-toi à n'être pas compris.

— Ce n'est pas ma faute, — c'est toi qui y mets de l'affectation et as l'air embarrassé pour parler de lui.

Voilà trois fois que je remarque qu'au lieu de dire tout simplement : M. Stéphen a dit, a fait cela, — tu cherches midi à quatorze heures, et tu dis : *tout le monde* fait ainsi, *tout le monde* dit cela. — L'autre jour, c'était samedi, — tu m'as dit : je voudrais bien voir la féerie nouvelle, — *tout le monde* dit que c'est ravissant;

Et j'ai su que c'était M. Stéphen qui avait offert de t'y mener avec madame Dubois.

Avant-hier — je me sers d'une expression.... qu'est-ce que c'était donc ? — Enfin, qu'importe; ah! je dis *ec cœtera;* — tu me fais la remarque, dont je te sais gré, — qu'on ne dit pas *ec cœtera*, mais *et cætera,* — et tu ajoutes : *tout le monde* dit *et cætera.*

Eh bien, il ne vient qu'une seule personne ici qui en sache plus long que toi et moi sur ces choses-là ; — ce n'est certes pas monsieur ni madame Dubois, c'est M. Stéphen ; — donc il aurait été plus simple et bien mieux, sous tous les rapports, de le nommer ; — au lieu de cela tu as l'air de ne pas oser dire son nom, — tu crains qu'il ne brûle ta bouche ou mon oreille.

Tu as tort, c'est bête comme tout ce que tu fais là ; — il y a bien des maris, à ma place, qui en prendraient de l'ombrage.

— Ah ça, monsieur Meunier, — à ton tour, — parle franchement ; — es-tu jaloux ?

— Moi ! — jaloux ? — allons donc !

Et M. Meunier, tout en grognant, regardait sa femme et la trouvait charmante avec une sorte d'étonnement, — une petite pointe d'inquiétude donnait à son amour conjugal quelque chose de plus sapide, — comme le poivre à un mets fade. — Il y avait dans ses sensations quelque chose de sauvage, il y avait de la haine et de l'amour ; — il attira sa femme sur ses genoux, — elle résista un peu ; — puis céda ; — mais il la serra si fort dans ses bras — qu'elle s'écria : — mais tu me fais mal!

M. Meunier fut irrité de voir que leurs *sentiments* ne paraissaient pas au même diapason, — il la repoussa, — se leva, — prit son chapeau, alla passer sa soirée au café et rentra après minuit.

Madame Meunier, que l'inquiétude avait empêchée de fermer les yeux, — fit semblant de dormir lorsqu'elle entendit son pas dans l'escalier; — lui, entra sans faire de bruit, la regarda longtemps, — lui donna un baiser sur les cheveux, et se coucha sans la déranger.

Le lendemain il partit sans lui parler.

XIV

ROSES NOIRES ET ROSES BLEUES

Il resta un peu d'aigreur entre les deux époux. Quelquefois madame Meunier, se trouvant seule, faisait un examen de conscience ; — elle s'interrogeait sur ses sentiments à l'égard de Stéphen ; — elle se répondait ce qu'elle avait dit à madame Dubois : qu'elle aimait le langage harmonieux de l'amour, mais qu'elle n'aimait pas Stéphen ; du moins qu'elle ne l'aimait pas encore : cependant, si elle arrivait à se convaincre que lui seul savait parler cette langue céleste, — il était peut-être à craindre que ces sentiments changeassent de nature.

Mais, jusque-là, — elle se rendait à elle-même la justice qu'elle « n'avait pas le plus petit reproche à se faire. »

Pour comprendre toute l'étendue et toute la portée de ce mot, il faut feuilleter le dictionnaire de la langue féminine, dont j'ai déjà — par-ci par-là — donné quelques articles à mes lecteurs.

« N'avoir pas le plus petit reproche à se faire, » avoir donné son cœur, son âme, son esprit à un autre, — rêver sans cesse à lui, — devenir distraite, indifférente pour son mari et ses enfants, et les trouver importuns; — MAIS ne permettre à l'objet de toutes ses pensées aucune privauté physique, — de quoi on se sent si fière, et on sent son mari si indigne, si monstrueusement ingrat, qu'on le hait de toute *la vertu* que l'on conserve.

Si on se refuse aux entraînements vers un autre, on se croit, ou du moins on se donne le droit de manifester une profonde répugnance pour son mari : — il est juste qu'il paye le prix du sacrifice qu'on lui fait.

Il y a un degré plus grave encore peut-être; c'est celui où une femme passe de la première situation : « ne pas avoir le moindre reproche à se faire, » à la seconde, qui a pour titre : « respecter ses devoirs et se conserver pure à son mari; » à ce point-là, ça va déjà très-mal.

On passe des heures entières avec l'objet aimé,

la main dans la main, — les deux âmes voluptueusement réunies entre les deux paumes serrées, — on laisse baiser ses cheveux,—on se laisse étreindre sur une poitrine haletante.

Un baiser permis au front s'égare et effleure les lèvres.

Mais, par exemple, on n'ira pas plus loin, — « on respecte ses devoirs, on se conservera pure à son mari. »

Madame Meunier passa d'une situation à l'autre, — et alors elle s'avoua qu'elle aimait Stéphen,— mais d'un amour fraternel, d'un amour poétique, entièrement dégagé des sens ; — elle ne donnait, elle ne donnerait jamais que son cœur.

Il paraît cependant que cela l'ennuyait, — car elle devenait de plus en plus hargneuse avec le malheureux Meunier, qui prenait de plus en plus l'habitude de passer ses soirées au café et demandait des consolations aux dominos et à l'absinthe. — Une fausse honte l'empêchait de parler franchement à sa femme et de lui laisser voir ses véritables sentiments. C'est une sottise que commet fréquemment l'homme marié : il se croit des droits.—Il ressemble à un propriétaire qui veut entrer sans sonner.

Il arrive aussi parfois qu'un homme est fort embarrassé avec une femme, — on n'ose guère élever la voix pour chanter ce qui doit nécessairement être un duo, — si l'on n'est pas sûr que l'autre soit au même diapason ; — et les femmes savent toutes très-bien vous donner sur ce point un doute glacial.

Se plaindre des assiduités de Stéphen, il ne l'osait guère non plus ; — il avait le sentiment intime du danger qu'il y a, en se montrant jaloux, d'éclairer une femme sur des sensations vagues, et de lui faire passer le Rubicon.

Meunier rentrait chez lui, faisait semblant de lire un journal — et suivait hypocritement sa femme des yeux ; — il ne perdait ni un mouvement, ni une ondulation d'un corps svelte et élégant ; — il faisait en elle une foule de découvertes auxquelles il n'avait jamais songé ; — il étudiait tous les détails de ses traits, de sa physionomie.

Il voyait au coin de sa tempe, à la racine des cheveux, un petit signe noir qu'il n'avait jamais remarqué jusque-là ; — il s'inquiétait d'une fleur qu'elle portait à sa ceinture — et n'osait cependant pas demander d'où venait cette fleur ; — seulement, si elle la laissait tomber — ou la laissait sur une table, — il l'écrasait du talon de sa botte ou la jetait par la fenêtre.

En un mot, il était devenu amoureux de sa femme — et cet amour ne se manifestait guère que par de la mauvaise humeur. — En effet, il aurait voulu se mettre à ses genoux et la serrer dans ses bras; — quelquefois même il risquait une tentative timide et presque inaperçue. — Alors, si sa femme n'y faisait aucune attention ou semblait l'éluder, — il se hâtait de cacher des émotions qu'il aurait été honteux et irrité de ne pas voir partagées — et il se plaignait brusquement de ce que le dîner n'était pas prêt ou de ce que la soupe était trop chaude ou trop froide.

Pour Stéphen, il avait pour madame Meunier une très-vive fantaisie, qu'il lui était facile de faire passer pour de l'amour.

Depuis deux ou trois pages je tourne autour d'une question que je voudrais bien avoir faite et que je n'ose pas faire : la plupart des femmes prennent pour des détails sans importance et dont leur légitime propriétaire ne peut se préoccuper, sous peine de se faire classer parmi les maris ridicules et tyranniques, une amitié tendre, une liaison d'esprit et de cœur.

Elles semblent croire que le mariage ne donne que leur corps, — que le reste leur appartient et qu'elles en peuvent disposer comme de leurs épingles et de leurs chiffons.

Il me semble que ces femmes-là se méconnaissent et s'estiment bien au-dessous de leur valeur; elles se considèrent comme des êtres purement physiques, dont toute la valeur est dans les formes du corps et dans le plus ou moins d'embonpoint.

Il arriva une fois ou deux que madame Meunier, se laissant presser dans les bras de Stéphen, devint pâle, sentit ses genoux fléchir; puis, tout à coup, se redressa d'un mouvement convulsif, s'arracha des bras qui la retenaient et s'enfuit dans l'autre chambre.

D'autres fois—quelque amie, madame Dubois ou une autre, — un étranger, un commissionnaire, la surprit assise beaucoup trop près de Stéphen; on la vit se relever rapidement, on entendit, en entrant, le bruit d'une chaise qu'on reculait, — puis on la trouvait alors rouge, embarrassée, balbutiante.

Jamais elle ne permettait que Stéphen fermât la porte, — jamais elle ne consentit seulement à mettre la clef en dedans, contrairement à son usage de la laisser à la serrure extérieurement, — de façon qu'une voisine qui voulait entrer frappait un petit coup et ouvrait en même temps. — Aux observations de Stéphen, elle répondait : — Je ne fais pas de mal, je suis décidée à ne pas en faire ; pourquoi voulez-vous que je ferme la porte ?

Stéphen n'osait pas trop l'avertir qu'elle se compromettait tout autant et beaucoup plus souvent en laissant la porte ouverte, parce qu'alors elle eût supprimé ce qu'elle appelait ses innocentes caresses.

Ils passaient des heures entières pendant lesquelles leurs mains, leurs yeux se donnaient de longs et ardents baisers ; — ils étaient dans cette situation où se mettent tant de femmes qui se croient parfaitement vertueuses, où il reste quelque petite chose à faire pour l'amant, mais pas grand'chose contre le mari.

Stéphen comprenait bien que madame Meunier avait des instants de faiblesse où toute résistance lui eût été impossible, — sans cette maudite clef à la porte.

Il comprenait non moins bien qu'elle n'accepterait pas facilement un rendez-vous hors de chez elle, — car, aux quelques propositions qu'il en avait faites, elle répondait avec un air d'étonnement : Mais pourquoi, mon ami ? ne sommes-nous pas bien chez moi ?

Il pensa qu'il fallait changer son plan de campagne.

D'abord il vint moins souvent chez madame Meunier, — il sembla prendre plus au sérieux le programme d'amitié aussi pur que tendre, — il ne la mit plus dans le cas d'avoir à se défendre ; — elle l'en remercia trop vivement pour que sa reconnaissance fût très-sincère.

Puis, comme revenait la belle saison,—il annonça qu'il ne pourrait s'installer cet été-là à une petite maison de campagne qu'il avait louée à Saint-Ouen, — il y donna à dîner aux Meunier et aux Dubois, puis il leur en prêta une clef, les engageant à y aller quelquefois passer la journée, en s'excusant de ne pas les y recevoir, sur des affaires qui le retenaient à Paris, ou dans une autre direction; en agissant ainsi, il rassura complétement le mari et il inquiéta la femme.

Un jour il dit à M. Meunier: vous pourriez me rendre un grand service.

Je reçois deux lettres à la fois ; — il faut, pour des affaires, que je me trouve en même temps à Chalons-sur-Marne et à Lyon; les deux affaires sont urgentes, — l'une réclame tout à fait ma présence, puisqu'il faut que je donne des signatures, — l'autre peut être faite par un ami très-sûr, — mais seulement par un ami très-sûr. Demandez un congé de trois jours, — nous partirons ensemble chacun de notre côté,— mais vous reviendrez avant moi,— car je resterai quelques jours à Lyon, et vous n'aurez presque qu'à paraître à Chalons ; — vous pourrez être revenu le troisième jour, et moi je resterai sans doute huit ou dix jours,

— Très-volontiers, dit M. Meunier ; — une course de quelques jours me distraira et me fera du bien, et vous pouvez être sûr que je ferai vos affaires de mon mieux.

Quand faudrait-il partir ?

— Demain soir.

Le soir, chez M. Meunier, où se trouvait madame Dubois, Stéphen dit : Une idée,— pourquoi madame Meunier n'irait-elle pas avec madame Dubois passer à la campagne les trois jours de votre absence ; — quand vous reviendrez, vous pourrez ou l'y laisser ou la ramener ici?

Cette proposition fut accueillie avec joie par les deux femmes.—Meunier réfléchit un instant, puis dit qu'il n'y voyait pas d'inconvénients.

— Alors, dit Stéphen, mesdames, c'est demain dimanche, vous devriez donner à M. Meunier et à moi à dîner à la campagne, — après le dîner nous nous en irons tous les deux et nous vous laisserons ensemble.

Les femmes objectèrent quelques difficultés matérielles.

— Écoutez, dit Stéphen, laissez-moi faire acte de propriété pour la dernière fois : — je vous enverrai le dîner, — puis, ensuite, pendant notre absence, vous vous arrangerez comme vous pourrez.

Le lendemain, en effet, madame Meunier et madame Dubois partirent pour Saint-Ouen dès le matin ; elles ne tardèrent pas à voir arriver un dîner excellent.

Stéphen et M. Meunier ne vinrent que peu de temps avant l'heure indiquée pour le repas.

Le dîner fut gai, — on but du vin de Champagne dans une proportion inusitée pour les Meunier et pour madame Dubois ; plus d'une fois Stéphen sentit sur son pied le petit pied de madame Meunier ; — mais l'heure du départ arrivée, les deux hommes montèrent dans une voiture. Stéphen avait glissé un billet dans la main de madame Meunier ; il se fit conduire d'abord au chemin de fer de Lyon, — prit un billet devant Meunier, — lui souhaita un bon voyage, donna au cocher l'adresse de la gare de Strasbourg, ressortit par une autre porte, déchira son billet, prit un fiacre et retourna à Saint-Ouen.

. . . .

Longtemps après, — presque un an, — Stéphen dînant avec quelques amis au *Café de Paris*, l'un d'eux lui dit : A propos, qu'est devenue cette passion qui t'a tenu éloigné de nous pendant si longtemps ?

— Quelle passion ?

— Eh ! parbleu, cette petite voisine de ton atelier.

— Je ne sais pas, dit Stéphen.

— Moi, je sais — dit un autre convive. La charmante madame Meunier a mis récemment au monde un charmant petit garçon.

— Vraiment !... et Stéphen est le parrain ?

— Ni parrain ni rien autre chose, dit Stéphen.

— Ce n'est l'opinion de personne de leurs amis.

— Jamais, dit Stéphen, de plus belles apparences n'ont été plus fausses, — et je me crois obligé d'honneur à vous dire la vérité.

Il reprit alors le récit jusqu'au point où nous l'avons conté, — puis il ajouta :

Comme je retournais à Saint-Ouen, le cœur plein

d'espoir et la tête en feu, je vis mon fiacre arrêté à dix minutes de la barrière.

— Eh quoi ! c'est vous, monsieur Stéphen !
— Eh quoi ! c'est vous, monsieur Meunier !
— Vous n'êtes donc pas parti pour Lyon ?
— Non, j'ai manqué le convoi ; — mais vous, vous n'êtes donc pas parti pour Châlons ?
— Non, j'ai oublié mon mouchoir.
— Je rentre chez moi — et je partirai demain matin.
— Moi, je vais à Saint-Ouen — demander l'hospitalité à ma femme, — et demain j'irai à mon bureau comme de coutume.
— Ah ! très-bien.
— Et puis ?
— Et puis — je n'en sais pas davantage, — je n'ai jamais revu les époux Meunier. — Je pense qu'il se défiait de moi; qu'il m'aura vu traverser la gare — et qu'il m'aura suivi; puis, à Saint-Ouen, il aura trouvé sa femme très-pimpante, très-émue, très-troublée, qui aura été obligée de feindre la plus grande joie de son retour imprévu, inespéré....

Toujours est-il que le lendemain je reçus d'elle une lettre très-courte qui disait : « Rappelez-vous, cherchez, devinez — et vous comprendrez que nous ne devons jamais nous revoir. »

Je crois que sans moi — le ménage Meunier n'aurait jamais eu d'enfant; — mais je n'ai eu à cet heureux événement qu'une part tout à fait indirecte, et le rôle que j'ai joué doit paraître plus amusant aux autres qu'à moi.

Il n'y a eu là qu'une rose bleue, — c'est-à-dire une rose que l'on rêve, que l'on respire mais que l'on ne cueille pas.

XV

IL FAUT RENDRE A L'AGRICULTURE SA PLACE ET SON RANG

Loin de moi la pensée de reprocher aux Français leur propension à la gaieté, comme font certaines gens qui se savent si bien justiciables de la gaieté, qu'ils la craignent et la haïssent comme les voleurs les gendarmes. Peut-être seulement reprocherais-je aux Français de rire parfois à contre-temps.

Par exemple, je ne trouve pas mauvais que l'on ait un peu ri de M. Romieu; mais il aurait fallu choisir mieux son temps.

Lorsque M. Romieu, préfet ou sous-préfet, déclara aux hannetons cette guerre restée célèbre, il s'éleva en France un immense éclat de rire, le *cachinnus* antique; et pour beaucoup de gens M. Romieu est demeuré un personnage ridicule à cause d'un service très-réel et très-sérieux rendu à l'agriculture, et pour avoir augmenté le nombre des bons exemples qu'on ne suit pas.

Je me rappelle que je pris alors sa défense et qu'il m'arriva ce qui arrive à beaucoup d'avocats : ma plaidoirie eut quelque succès; mais je perdis ma cause et ne pus sauver l'accusé, et je m'en consolai.

Avec M. Romieu il fallait savoir attendre. C'est quand M. Romieu publia son *Spectre rouge* qu'il fallait rire, et que l'on n'a pas assez ri selon moi.

Ces jours derniers quelques journaux ont publié, à la fin de leurs faits divers, sans réflexion, sans y attribuer la moindre importance et le plus souvent d'un ton ironique, la nouvelle que voici :

« Hier a eu lieu, selon l'usage annuel, au marché des Innocents, la proclamation et la promenade solennelle du roi des potirons. C'est Saint-Mandé qui le produit. Il pèse 158 kilogrammes et 2 grammes, et a presque 3 mètres de circonférence. »

Et beaucoup de lecteurs ont souri.

Je déclare que moi, qui ai autant de gaieté qu'un autre dans l'occasion, je ne vois pas le côté ridicule ou risible de cette fête.

Si vous voulez rire, il me semble que vous ne manquez pas plus de choses et de gens ridicules que de choses et de gens ennuyeux.

Cette fête du roi des potirons est une fête à la fois politique, morale et religieuse.

C'est surtout aux fêtes de l'agriculture qu'il faudrait réserver la pompe et la magnificence.

Ces fêtes promènent pompeusement les plus beaux produits de la terre, encouragent les efforts des agriculteurs et remercient la Providence.

La fête du bœuf gras, si on la restaurait, si on lui rendait le caractère qu'elle a dû avoir dans l'origine, de fête agricole; si on la réglait avec intelligence, si l'on priait MM. les bouchers qui doivent tuer la bête d'y faire un peu plus place aux éleveurs et aux bergers qui l'ont nourri; si l'on remplaçait les turcs, les espagnols, etc., par des figures allégoriques; si la fête ne se bornait pas à une simple promenade dans les rues; si la promenade était précédée d'une grande et solennelle exposition des produits agricoles du pays et d'une distribution de prix;

Si un char d'honneur portait les vainqueurs précédés de beaux chants de triomphe demandés à Lamartine, à Hugo, à Rossini, à Auber;

Si les premiers du pays dans la politique, dans les arts, les lettres et les sciences y étaient conviés,

Il est évident qu'on aurait des solennités grandes, belles et morales.

La fête de la première gerbe,

La fête de la première grappe,

Donneraient facilement lieu à des fêtes grandes et charmantes.

De belles filles et de vigoureux garçons, groupés comme les moissonneurs de Léopold Robert et traînés par de puissants bœufs; les meuniers, et à leur tête ceux qui ont obtenu quelques perfectionnements; les boulangers, précédés de ceux qui se seraient distingués dans l'année.

Une distribution de pain serait faite aux pauvres.

Rien n'empêcherait les déguisements allégoriques en Cérès, en Triptolème, en Saisons.

Pour la fête de la première grappe, les vignerons, les vendangeuses, les Bacchus, les Silènes, feraient également des groupes intéressants.

Un char représenterait la maladie de la vigne; l'oïdium entouré de ses médecins, l'oïdium malade à son tour.

On pourrait jouer dans ces fêtes et attaquer par

le ridicule les falsificateurs de denrées alimentaires, les vendeurs à faux poids, etc.

Mais il faudrait que l'on comprît ce que c'est que l'agriculture.

Il faudrait qu'aucun président de comice agricole ne vînt plus dire :

« Vos travaux plus humbles et moins brillants... »

En ce moment, l'Europe a un peu faim ; il serait peut-être opportun de remettre les choses à leur place légitime : l'agriculture à la tête de toutes les autres.

Car si la civilisation n'y prend garde, il arrivera de l'homme civilisé ce qu'il arriva de la fameuse jument de Roland, qui était une si excellente bête, qui courait si bien, qui était sobre, obéissante, courageuse, mais..... qui était morte depuis trois semaines.

Il est un fait dont on ne se préoccupe pas suffisamment.

L'excellent cœur de Louis Jourdan en a été touché, et il a manifesté ses impressions dans quelques lignes bien senties qu'il a adressées aux fabricants. Mais ce que propose Louis Jourdan n'est évidemment à ses yeux qu'un expédient provisoire.

Ce fait, le voici.

Par suite du perfectionnement des machines d'une part, de l'âpreté d'une concurrence sans frein d'autre part, le prix de tout va s'abaissant, tandis que celui des denrées alimentaires est très-élevé et menace de s'élever encore.

Or, comment arrive-t-on à abaisser à un point souvent prodigieux le prix de presque tous les produits ?

D'abord par le perfectionnement de la fabrication, puis par l'abaissement du prix des matières premières, puis par la diminution des bénéfices de fabrication, puis enfin, la concurrence n'ayant point de limites, par l'abaissement, inévitable dans l'état des choses, du salaire de l'ouvrier.

En bonne logique cependant, le salaire de l'ouvrier devrait varier, mais sans cesser d'être relativement le même.

C'est-à-dire qu'il devrait représenter la nourriture et l'entretien de sa famille, et un peu davantage.

Donc, l'abaissement du salaire de l'ouvrier devrait être précédé de l'abaissement du prix des denrées alimentaires.

Les denrées alimentaires ne peuvent être à bas

prix que par les mêmes moyens que les autres denrées : par la concurrence et par le perfectionnement des procédés. Or, il ne peut y avoir de concurrence que s'il y a abondance ou plutôt surabondance de produits ; il ne peut y avoir surabondance que par une plus grande quantité de terres cultivées, et par des terres mieux cultivées, et aussi par l'accroissement du nombre et de la science des agriculteurs.

Donc l'Europe est dans une mauvaise voie, et la preuve, c'est que l'Europe a faim.

L'exposition universelle vous montre les vêtements, les instruments, les meubles, etc., tout perfectionnés et arrivés à un remarquable bon marché.

Il y manque un pain perfectionné et à bon marché.

Il y manque un bon pot-au-feu à bon marché.

L'Europe est dans une mauvaise voie, puisqu'en même temps elle est obligée, même par un progrès, d'abaisser le prix de la main-d'œuvre et le salaire pour le plus grand nombre de perfections, et que le prix des subsistances s'élève dans la même proportion.

Il est évident qu'il faut ou élever les salaires ou abaisser les prix des denrées alimentaires.

Le premier moyen peut, au besoin, être un expédient pour quelques instants, mais, considéré comme but et état normal, il est absurde et serait la négation de tout progrès.

Le second est logique, nécessaire, mais pour l'atteindre on est en arrière, on est distancé. Il faut recourir et courir à l'agriculture.

Non pas comme on a fait jusqu'ici, avec quelques phrases de ce genre ci: « Bons agriculteurs, vos humbles travaux, etc. »

Mais il faut courir à l'agriculture comme on court à un incendie,

Comme des naufragés nagent vers un radeau.

Il faut rendre à l'agriculture sa place et son rang.

Sous le règne de Louis-Philippe, je professais pour la guerre les mêmes sentiments qu'aujourd'hui; je pensais que la guerre soutenue pour la liberté, la civilisation et l'indépendance est une guerre sainte à laquelle le pays tout entier doit contribuer, avec tout ce qu'il a d'énergie et de sang, et qu'on ne saurait trop honorer les soldats qui y prennent part; mais que la guerre de fantaisie, la guerre de conquête, la guerre « pour cueillir des lauriers, » avait été jadis la plus bête, la plus criminelle et la plus ridicule chose qui fût au monde.

Je demandai alors, à la suite de réflexions semblables, s'il n'était pas temps d'interrompre la tradition qui voulait que tout prince français fût soldat, quelles que fussent ses aptitudes et ses inclinations. A cette époque, en effet, chacun des fils de Louis-Philippe avait fait une campagne en Afrique, et avait fait noblement son devoir.

Pourquoi, demandai-je, le roi ne mettrait-il pas chacun de ses fils à la tête d'une des forces vives de la nation? Que M. de Joinville reste marin, que M. d'Aumale soit soldat, ils en ont montré le goût ardent et une aptitude particulière.

Mais pourquoi, des autres, l'un ne serait-il pas prince de l'industrie, l'autre prince des beaux-arts et de la littérature, un autre prince de l'agriculture?

Ce fut pris comme une chose gaie et plaisante, moi seul je fus de mon avis, mais j'en fus beaucoup.

Nous avons vu récemment le prince Napoléon Bonaparte aller faire la guerre en Crimée, mais l'état de sa santé l'a obligé à revenir en France. Eh bien! les journaux sont remplis de l'éloge des services qu'il a rendus à l'industrie en prenant la direction de l'exposition universelle.

Voici ce qui se passe dans les campagnes : comme

l'industrie, les *places* et certaines fonctions publiques présentent un certain nombre de numéros amenant de gros lots et de gros gains; comme le paysan restant dans son état peut prétendre tout au plus à une aisance, suite des privations de toute sa vie, mais jamais à un certain degré de considération, jamais à ce qu'on appelle les honneurs; comme les théoriciens qui parlent de protéger l'agriculture, et pour lesquels ce n'est qu'une phrase, leur disent par exemple: « Vos humbles travaux, moins brillants que la gloire des armes, etc; » comme on n'a jamais songé à reconnaître une fois pour toutes qu'il est aussi utile, aussi estimable de récolter du blé que de cueillir des lauriers,

Le paysan qui a deux fils choisit le plus intelligent pour l'envoyer à la ville, avec l'espoir de le voir marchand, curé ou huissier. Il garde auprès de lui, pour le consacrer à la terre, le plus bête, auquel il se garde bien de faire donner la moindre éducation, pour deux raisons: la première, c'est qu'il a épuisé toutes ses ressources pour celui qui doit être marchand, curé ou huissier; la seconde, c'est qu'il a fini par partager l'idée bête et fausse qu'on lui laisse voir à chaque instant, que le métier d'agriculteur est un métier de brute.

Or, pour ma part, si mes yeux sont sans cesse affligés de l'aspect des paysans qui sont loin d'en savoir assez pour exercer l'agriculture, je déclare que je ne connais pas un homme qui en sache trop pour cela, et qu'il n'y a aucune connaissance humaine qui n'y puisse trouver son emploi.

Voici comment j'entendrais les choses au point de vue de l'agriculture :

Histoire de causer avec vous, bien entendu, parce que peu prendront au sérieux ces idées, que je trouve, moi, les plus sérieuses au monde, et aussi parce que je ne veux prendre part à rien au monde.

D'abord, je partirai de ce point que l'homme naît agriculteur. La première éducation, l'éducation obligatoire et commune, serait donc faite à ce point de vue ; elle se composerait de ces éléments indispensables sans lesquels l'homme est un infirme comme un manchot, un boiteux, un aveugle. Lire, écrire, compter, il faudrait savoir cela comme on est vacciné. A un certain point de cette éducation, c'est-à-dire les connaissances acquises, un examen sérieux et sévère permettrait de faire prendre une autre ligne à ceux des enfants qui manifesteraient une aptitude et des dispositions singulières pour telle ou telle branche des connaissances. Ceux-là ayant *essaimé*, les autres, tout en commençant à se livrer à la pratique de l'agriculture, apprendraient dans des écoles du soir un peu de chimie appliquée à l'agriculture, un peu de droit moral, la botanique simplifiée, tout en apprenant à greffer, etc.

Une Revue agricole, rédigée par certains membres de l'Académie des Sciences pour la chimie et la théorie, le serait également par les agriculteurs praticiens, qui au besoin se serviraient de la plume du maître d'école et d'ailleurs sauraient tous écrire, et se trouveraient sans cesse en communication de renseignements et en état d'émulation constante. L'abonnement à cette Revue serait obligatoire pour chaque commune, au moyen d'une très-petite souscription, et tout le monde sait qu'un journal sûr de 36,000 abonnés peut être livré à très-bas prix.

Cette Revue, déposée à la mairie ou à la maison d'école, serait à la disposition des habitants de la commune.

Puisque, je le répète, il ne s'agit que de causer avec vous sur un sujet intéressant, je puis donner mes idées un peu pêle-mêle, dans l'ordre, je ne dirai pas où elles me viennent, car il y a longtemps que je les ai, mais dans l'ordre où elles me reviennent. En voici une autre :

Le *Moniteur* parlait ces jours derniers d'un déficit possible de sept millions d'hectolitres de blé, et il énumérait les précautions que l'on prenait pour les faire venir. Les moyens indiqués réussiront sans nul doute ; je ne doute pas non plus qu'on ne réussisse à triompher en partie des efforts que fera l'agiotage contre la faim publique ; mais le *Moniteur* devait nécessairement courir au plus pressé.

L'expédient trouvé pour le moment présent, voici ce que je propose pour l'avenir :

Beaucoup de gens sont d'avis que la France pourrait produire, non pas seulement dans les bonnes années, mais dans les années moyennes, plus de céréales qu'elle n'en consomme, et que, dans les plus mauvaises années, elle n'aurait à retrancher que l'exportation.

J'ai étudié la question. Je suis de ces gens-là.

Si cela se peut, c'est cela qu'il faut faire, parce qu'alors le prix du blé et celui du pain ne pourraient jamais subir que des variations d'une importance toujours renfermée dans des bornes connues d'avance.

Or, qui empêche la France de produire en céréales ce qu'elle peut produire ?

Est-ce le manque de bras ? Vous arriverez à rendre des bras, et ce qui n'est pas plus mauvais, des têtes à l'agriculture, par le système d'éducation primaire dont je parlais tout à l'heure, et en rendant son rang à l'agriculture, en élevant l'agriculteur à la hauteur de sa profession. Puis cette profession à la hauteur qu'elle peut atteindre, faites en attendant mieux une conscription agricole : ce ne sera pas plus bizarre que la conscription militaire.

Le soldat de l'agriculture, après ses sept ans de service à la terre, sera un bon ouvrier, instruit théoriquement et pratiquement.

Mais il est d'autres raisons.

Les cultures industrielles ont pris trop de place dans l'agriculture.

Leur empiétement est une des causes qui nécessiteraient, suivant moi, l'établissement d'un Code rural : « lois de la terre. »

Un conseil de savants et de praticiens serait assemblé dans chaque chef-lieu, et leurs décisions seraient coordonnées ensuite dans un concile général ; on leur demanderait des solutions à des questions dont voici quelques-unes :

Chaque propriété, quelles que soient son importance et son étendue, serait divisée ainsi, par un assolement obligatoire :

Une partie consacrée au blé ;

Une aux pommes de terre ou fèves, selon la nature du terrain ;

Une à la prairie, naturelle ou artificielle ;

Une étendue de.... rendrait obligatoire la nourriture d'un âne, d'une vache, d'un mulet, d'un cheval ; une moindre étendue celle d'une chèvre ou d'un mouton ; une plus grande étendue multiplierait le nombre des bêtes à élever dans les proportions convenues.

De la sorte, une partie seulement du sol serait abandonnée au caprice, à la mode et à des cultures industrielles, productives il est vrai, mais dont l'extension anarchique réduirait le pays à la situation de Midas, qui n'avait plus à manger que de l'or, et se mourait de faim.

Par ces moyens réunis, vous auriez pour la terre des bras, des bêtes et de l'engrais, et pour vos marchés du pain et de la viande à bon marché.

Cela vaut la peine qu'on s'en occupe, et c'est du moins un sujet de conversation qui en vaut un autre dans un moment où, je le répète, l'Europe a un peu faim, et où le prix des salaires tend à diminuer, tandis que le prix des subsistances va augmentant tous les jours.

Ce qui prouve que la promenade du roi des potirons au marché des Innocents n'est pas aussi insignifiante qu'en a eu l'air de le croire.

Et que moi, qui ne crie guère, je suis très-disposé à crier : « Vive Potiron Ier!.. » avec toute l'énergie des poumons que la nature a bien voulu me confier.

XVI

UN MONSIEUR RIDICULE

Cette fois, *paulo minora canamus, si canimus silvam, consule silva caret.*

Je vais raconter aujourd'hui un petit roman que le hasard m'a fait surprendre. La scène se passe au mois d'août dernier.

AMÉLIE DE M... A ERNESTINE DE L...

Voyons, Ernestine, parle-moi franchement, aimes-tu M. Melcombe ?

Ne crains pas que je te fasse des discours contre l'amour. J'en aurais peut-être seulement à te faire contre cet amour-là. Cependant, pour une femme d'imagination comme toi, l'homme aimé entre pour si peu dans le sentiment qu'il inspire, que ce n'est guère la peine de s'en soucier et de le choisir. Il joue le rôle d'un clou auquel tu accroches toutes les qualités, toutes les vertus, tous les charmes que tu fournis à l'objet aimé.

Je ne te ferai donc aucun discours contre l'amour. Je crois, au contraire, que tu feras tout aussi bien de te marier. La liberté des femmes, à laquelle nous aspirons toutes, ressemble à la furie d'un de ces chiens de garde enchaînés qui semblent vouloir dévorer les gens. Si par hasard leurs efforts finissent par briser la chaîne qui les empêchait de se jeter sur vous, ils restent surpris, stupéfaits, et ne songent plus à mordre.

Notre liberté une fois conquise a perdu tout son charme d'arbre du bien et du mal et du fruit défendu; puis il lui reste tant d'entraves de convention qu'il nous faut nous donner nous-mêmes, qu'elle finit par ne nous servir à rien.

Ce que nous appelons « notre esclavage » ressemble à la corde de cerf-volant que mon petit Ernest enlève en ce moment dans le jardin : elle le retient, mais elle le soutient.

Je ne te ferai pas d'objections contre M. Melcombe. Il est sot, fat, un peu laid, un peu commun, un peu avare, mais si tu l'aimes, je connais assez ta tête pour être persuadée que tu ne vois et ne verras rien de tout cela.

Mais si tu ne l'aimes pas, pourquoi te laisser compromettre par lui. On m'assure qu'il passe ses journées chez toi, qu'il laisse partir les visites qui te surviennent, sans même faire mine de s'en aller. M. de C..., qui était venu avant-hier prendre de tes nouvelles et qui ne voulait pas entrer parce qu'il était à peine une heure et jugeait avec raison qu'il était un peu bien matin pour faire une visite, entra cependant, et commença, sur la quasi-inconvenance de l'heure, une phrase qu'il n'acheva pas quand il vit M. Melcombe déjà installé chez toi. — Les hommes sont très-rigides à l'égard des imprudences que l'on ne fait pas pour eux. Il s'est élevé dans l'esprit de M. de C..., à ton sujet, des sévérités qu'on ne lui avait pas connues jusque-là.

Si tu n'aimes pas M. Melcombe, pourquoi prépares-tu à ce pauvre Léon, qui, lui, t'aime si tendrement, un profond chagrin pour son retour? D'ailleurs, tu aimais Léon; tu dois l'aimer encore. Eh bien! ne t'y fie pas. Il t'aime assez pour trouver dans son amour la force contre cet amour même; il est parfaitement capable de renoncer à toi si tu cesses d'être à ses yeux l'ange de pureté qu'il a rêvé !

Réponds-moi et dis-moi la vérité la plus vraie.

ERNESTINE A AMÉLIE.

Ton frère Léon est un hypocrite. — Ernestine, m'a-t-il dit en partant, je n'ai pas contre vous d'injurieuse défiance : c'est sur vous que je compte pour vous garder.

Et, en même temps, il m'a laissé en toi un gardien plus féroce, plus soupçonneux, plus éveillé qu'aucun de ceux qui gardaient les pommes d'or des Hespérides.

Oui, j'aime Léon. Non, je n'aime pas M. Melcombe. Mais ai-je besoin de t'apprendre, dans le port tranquille où le mariage heureux tient ton navire aux voiles carguées, que, s'il est des hommes qu'on n'aime pas, il n'y en a guère, il n'y en a peut-être pas dont on n'aime un peu l'amour.

Le voyage de Léon se prolonge; en ce moment Paris encombré est désert pour nous. Je m'ennuie ; une femme qui s'ennuie est bien exposée. M. Melcombe est le héros d'une aventure qui a fait du bruit; il me sacrifie une beauté célèbre. Les dieux acceptaient tous les sacrifices et toutes les victimes grasses que l'on immolait sur leurs autels ; cela ne les empêchait pas de n'accomplir les vœux des suppliants que d'après leur justice ou leurs caprices.

Jamais tu n'as vu une femme aussi décidée que je le suis à ne tenir compte des assiduités de M. de C.....

Que veux-tu ! je ne puis voir vide ce fauteuil de l'autre côté de la cheminée, que Léon laisse trop longtemps vacant; je suis accoutumée à entendre des paroles d'amour sortir de ce coin-là. Mais aussitôt le retour de Léon, M. Melcombe ne restera là que bien juste le temps de lui faire une toute petite peur et de lui faire comprendre que ce n'est pas à son imagination et à la générosité de son amour que je dois le quelque peu d'agrément qu'il veut bien me trouver.

Sois donc tranquille, ô dragon redoutable ! je me mets sous ta protection. En voici une preuve.

J'ai accepté un goûter, — on dit un *lunch* depuis le voyage de la reine d'Angleterre, — à la maison de campagne de M. Melcombe. Eh bien! je te prie d'être de la partie. Certes, je pouvais ne t'en rien dire; je pouvais emmener telle autre de mes amies que j'aurais voulu.

Ou plutôt, parlons franchement, disons ma vérité la plus vraie, comme tu la demandes.

J'ai accepté un peu légèrement cette proposition; je ne sais comment m'en dégager sans laisser prendre à la fatuité de M. Melcombe un air dangereux qui serait plus compromettant que ce lunch lui-même, ou bien sans m'en faire un ennemi; j'ai annoncé que j'irai à ce lunch avec toi.

Je pense que mon dragon suivra volontiers les pommes d'or, les trésors confiés à sa vigilance. M. Melcombe ira te voir demain pour faire son invitation.

AMÉLIE A LÉON.

Voici comment je t'ai, mon cher frère, débarrassé de ce sot de Melcombe; et comment du même coup j'ai délivré Ernestine de ses assiduités, qu'elle avait acceptées avec sa légèreté et sa coquetterie ordinaires, et dont elle était fort encombrée.

Pour te rassurer sur le compte de ses sentiments, que je t'engage à venir garder toi-même le plus tôt possible, je te dirai qu'elle a ri comme une folle lorsqu'elle a reçu la lettre par laquelle M. Melcombe s'excuse, sur un petit voyage urgent et imprévu, de ne pouvoir donner suite au charmant projet de lunch à sa maison de campagne.

Le personnage est venu chez moi, comme Ernestine m'en avait prévenu, afin de me faire une invitation qu'Ernestine avait pour moi acceptée d'avance.

J'avais mes batteries dressées et mes pièces pointées sur le côté faible de l'ennemi : c'est la plus odieuse avarice.

— Mon cher monsieur Melcombe, lui ai-je dit, parlons franchement.

Je ne t'aurais pas dit cela à toi qui connais les femmes, et qui aurais compris que je voulais te tromper.

— Parlons franchement, lui ai-je dit, vous aimez donc Ernestine?

— Si je l'aime, madame!

Je traduis par un *et cœtera* et j'y renferme les phrases qu'il crut devoir adresser à une femme qu'il pensait devoir les répéter.

— Je crois, lui dis-je, que vous avez tout ce qu'il faut pour rendre Ernestine heureuse. Je cesse d'être votre ennemie et de m'obstiner à défendre les intérêts de mon frère. Moi, je suis du parti des vainqueurs.

Vous nous donnez donc à votre campagne, que l'on dit charmante, un lunch délicieux?

— Charmante? répliqua le personnage; toute campagne est charmante en cette saison. L'automne donne aux arbres ces teintes pourpres et orangées chéries des peintres. Pour ce qui est du lunch, mon Dieu! ce sera très-simple, des œufs, du lait, quelques fruits.

— Oh! mon Dieu! mon cher monsieur Melcombe, que me dites-vous là? Tenez, puisque nous avons fait la paix..... (Ici il me baisa la main de l'air gauche que tu lui connais), puisque nous avons fait la paix, je veux vous donner un gage précieux de mes sentiments de bienveillance.

Vous prenez pour un avantage l'acceptation de votre lunch chez vous, à votre campagne. Eh bien! vous allez vous fourvoyer complétement. Il faut que je vous éclaire.

D'abord, Ernestine aime la campagne..... si vous voulez; mais il ne faut pas qu'elle y trouve la moindre diminution du comfortable auquel elle est habituée.

— Ma maison n'est qu'une chaumière.... bien simple.

— Il n'y a pas de mal : elle adore les chaumières ; mais ne nous trompons pas de chaumière. Tenez, je vais trahir ma confidence ; je vais vous dire son rêve en fait de chaumière :

Une chaumière très-simple, comme vous dites qu'est la vôtre ; très-simple au dehors, de la mousse et des iris sur le toit ; mais au dedans un petit salon tendu de damas blanc avec des passementeries bleues.

A ces mots, il fit une si étrange grimace que, rien que pour voir s'il avait atteint l'extrême limite de la laideur ridicule, j'ajoutai :

— Et un tapis turc. Pour les meubles, des meubles *rocaille* en bois de rose, tout ce qu'il y a de plus simple. Pas de dorures, surtout !

Je n'aurais pas la cruauté de vous dire cela si vous n'aviez pas deux grands jours devant vous.

— Comment, deux jours ?

— Deux jours. En faisant passer la nuit aux ouvriers, ça fait quatre jours, et ça fait six mois en leur laissant fixer le prix de leur travail. Ah ! mon pauvre monsieur Melcombe, sans moi, vous nous meniez dans une vraie chaumière. Vous pouvez vous vanter d'avoir en moi une véritable amie.

Mais votre innocence m'inquiète. Par exemple, l'idée de votre lunch me fait frémir pour vous; il y a des choses qui n'entrent dans la vie élégante qu'à l'état de figures, de métaphores, de tropes. Il faut mettre dans la classe de ces choses les œufs, le laitage et le pain bis.

J'ai connu un financier très-fastueux qui avait la meilleure table de Paris. Aussi lui était-il permis d'inviter les gens à venir « manger la soupe » chez lui.

Les plus magnifiques dîners de garçon qui se soient donnés l'hiver dernier ont été sans contredit ceux de lord S..... à ses parties de chasse. Je l'ai su par mon frère Léon. D'ailleurs je crois que vous étiez au nombre des invités, et lord S..... disait; « Nous allons casser une croûte. »

Il est de très-bon goût, certes, je le reconnais et je ne m'en étonne pas, — vous êtes homme du monde et homme d'esprit, — d'inviter des femmes à boire du laitage; cela a l'air honnête et porte l'imagination sur les bergères les plus innocentes.

D'ailleurs, ce n'est qu'à des grisettes que l'on promet un bon dîner, un dîner cher.

Mais en même temps il ne faut offrir à des

femmes que ce qu'il y a de meilleur et de plus rare; il est même de bon goût de trouver quelque chose d'invraisemblable. Nous serions flattées, mais sans l'exiger, par exemple, d'un salmis de phénix à la purée de pommes des Hespérides.

D'ailleurs Ernestine est gourmande. Tenez, j'ai pitié de vous. Prenez votre carnet, je vais vous dicter le menu d'un dîner simple pour la campagne : trois plats, un vrai dîner de chaumière.

Écrivez. D'abord pour moi, qui ne suis pas gourmande, il ne me faut que des cerises. Le reste m'est égal.

— Mais... des cerises.... ce n'est pas la saison....

— A Paris il n'y a de saisons que pour les avares. Demandez des cerises chez Chevet.

— Un potage à la bisque d'écrevisses, des cailles...

— Pardon, mais la chasse n'est pas ouverte... et le gibier...

— La chasse est toujours ouverte aux bourses qui ne sont pas fermées. Vous connaissez *Robin des Bois?*

— Oui charmante musique.... charmante!

— Il ne s'agit pas de musique. Le poëme contient une leçon à votre adresse. Le Freyschütz met dans son fusil des balles d'argent, avec lesquelles il tue tout ce qu'il veut. Donc, des cailles, des légumes.... ce que vous voudrez, pourvu qu'ils soient hors de saison.

Ah! n'oubliez pas des sorbets de marasquin pour le milieu du dîner.

En fruits, outre mes cerises, des figues de Marseille et un ananas pour Ernestine. Pas de vin de Champagne! c'est commun; du vin de Tokai: nous n'en buvons pas, c'est seulement pour tremper nos lèvres et le sentir.

Par exemple, rien de plus; ce serait de mauvais goût. C'est un lunch, un goûter à la campagne; il faut faire bien les choses, mais il ne faut pas les dénaturer.

Ah! j'oubliais. Comment nous mènerez-vous?
— J'ai mon coupé.
— Nous y étoufferons. Ça ne serait rien, mais nous serons rouges comme des écrevisses cuites; ça ne se peut pas.
— Ma calèche.
— Cette calèche doublée de jaune?
— Oui, de damas jaune.
— Et Ernestine qui est blonde! ça la mettrait d'une belle humeur!
— Mais comment faire?

— Rien de plus simple : la faire doubler de bleu ; c'est même une charmante occasion pour vous, et vous devez vous en féliciter. Ce sera tout à fait galant.

— Mais il n'y a que deux jours.

— C'est énorme, je vous l'ai dit. Pour les gens riches, les journées ont, à Paris, deux cent quarante heures. N'oubliez rien, et venez me prendre jeudi à deux heures.

Le Melcombe était pétrifié. Il s'en alla presque chancelant. Le lendemain, il arriva ce que je t'ai déjà dit au commencement de ma lettre, au risque de manquer mon dénoûment.... mais pour te rassurer....

Ernestine et moi nous reçûmes une belle lettre d'excuses. Un parent à l'article de la mort le faisait demander à cinquante lieues de Paris.

Ernestine était stupéfaite, mais quand elle a su que c'était moi qui avais mis à mal ce pauvre parent, quant elle a su comment j'avais fait, elle a tant ri que tu aurais pu à loisir t'enivrer de la joie de voir ces petites dents que tu aimes tant. Elle en rira pendant trois jours ; arrange-toi pour être ici le quatrième.

Et aussi pour entrer en possession de « tant de

charmes », dont je ne suis pas sans impatience de te donner à toi-même la défense.

Ta sœur dévouée, Amélie

Prière à MM******** de ne pas faire un vaudeville de ce roman sans l'avoir lu, comme cela leur est arrivé en d'autres circonstances, où je me suis *rencontré* avec ces messieurs.... mais comme on se rencontre au coin d'un bois.

XVII

RÉJOUISSANCE

Et moi aussi, je finirai par avoir ville gagnée.

Ici est le *Moniteur* où j'écris mes bulletins, — les *Guêpes*. — Quelqu'un se souvient-il des *Guêpes?* Les *Guêpes*, — qui ont fait vendre le pain au poids, avaient autrefois demandé la taxation de la viande. Ce vœu est accompli; que dis-je? il est dépassé. Un préjugé, une tyrannie ont été renversés.

On ne connaît que trop ce que les bouchers appellent réjouissance; c'étaient des os qu'ils pesaient, avec la viande et qu'ils faisaient payer au prix de la viande.

Ce nom était un sarcasme insolent, — *réjouissance!* comme on appelait les Euménides douces, et comme les étymologistes hardis font venir *lucus*, bois sombre, du verbe *lucere*, luire.

Les bouchers vendront les os à part, en qualité d'os; ils ne feront plus ce miracle quotidien de changer les os en viande de filet, comme ce miracle proposé par Satan : Que ces pierres deviennent du pain, *isti lapides panes fiant*.

Espérons qu'on finira par empêcher certains marchands de vin de changer l'eau en vin.

Hélas! que de choses dans la vie ne nous sont distribuées, pesées et vendues qu'avec la *réjouissance*, comme le filet de bœuf.

Et ces choses-là, les ordonnances de police n'y peuvent rien.

L'amour a pour *réjouissance* la jalousie, et, qui pis est, l'ennui et la lassitude.

La gloire a pour *réjouissance* l'envie.

Les honneurs ont parfois pour *réjouissance* le déshonneur dont il faut les payer.

Vous allez au théâtre : on joue *Ruy-Blas*, de Victor Hugo; mais la seconde pièce est de M*** ou M***, *réjouissance*.

L'Exposition amène le monde à Paris : le Parisien est fier; mais tout est hors de prix, et il est presque réduit à manger, ou peu s'en faut, son pain sec... *Réjouissance*....

La visite de la reine d'Angleterre est un fait intéressant : c'est la consécration de l'alliance de deux peuples dont les guerres composaient presque toute l'histoire ; mais cela est connu que M. Barthélemy fait des vers où *clapiers* rime avec pieds.... *Réjouissance.*

Toute victoire, tout grand événement est *réjoui* de cantates médiocres ; ce mot s'applique aux meilleures.

Tout succès est *réjoui* de critiques ;

Toute grandeur de petitesses ;

Toute liberté, d'entraves sous divers prétextes ;

Tout bonheur, de haine.

La viande seule sera donc une vérité.

XVIII

UN PIANISTE EST-IL UN BIENFAIT?
UN PIANISTE EST-IL UN FLÉAU?

Un magistrat de Londres vient de condamner un musicien à la prison pour avoir ennuyé un citoyen anglais.

Ce crime, puni par une loi sage, avait été perpétré au moyen d'un de ces orgues barbares dans lesquels un vaudevilliste a remarqué, après moi, qu'on a la mauvaise habitude de moudre des airs. Ce spécimen de civilisation avancée m'a remis en mémoire un projet que j'avais fait autrefois dans l'intérêt de la population parisienne:

Considérant que si un *immense pianiste* cause de grands ravissements à ses contemporains, il n'est pas sans exactitude de dire qu'il leur procure aussi quelques moments d'ennui;

Qu'il est bon de mesurer, peser, additionner et compenser les uns par les autres pour fixer une bonne fois les esprits sur cette double question :

Un pianiste est-il un bienfait ?

Un pianiste est-il un fléau ?

Mettons d'abord six concerts par an ; prix du billet : dix francs. Ceux qui sont bien placés et qui peuvent voir remuer les doigts ont certainement beaucoup de plaisir.

Certaines femmes qui encadrent une maigre figure de longs repentirs blonds et préventifs, se pâment, ont des attaques de nerfs, jettent de petits cris, et détournent ainsi l'attention du public sur elle-mêmes.

Puis un jour elles quittent mari, enfants et amis, et disparaissent avec le broyeur d'ivoire.

Je pense que cela leur est fort agréable, mais peu de personnes partagent cet agrément. D'ailleurs, au bout de quelques mois, elles reviennent, entrent en feuilleton, et produisent un roman dans lequel elles font un portrait odieux de leur mari sous le nom de M. de Mérincourt ou de Mérinville.

Voilà, je pense, à peu près le total des plaisirs que

procure un immense pianiste, si l'on y ajoute pour les gens gais l'hilarité que peut causer l'aspect des airs échevelés, des airs terribles, passionnés, mélancoliques, des pianistes en exercice.

Passons aux désagréments.

Dix ans d'études et d'exercices.

Ensuite tout le reste de leur vie, huit heures par jour, à essayer, à repasser des difficultés et des impossibilités gymnastiques plus bruyantes que musicales, dont les voisins ont pris la fâcheuse habitude de se plaindre si fort, que leurs plaintes en sont arrivées à faire plus de bruit que les pianos eux-mêmes.

De ce résumé impartial, il résulte clairement que les pianistes pourraient procurer quelque agrément, si la somme des ennuis qu'ils causent ne l'emportait de beaucoup.

Le problème serait donc :

Ne pas se priver des airs que quelques-uns de ces messieurs tapent et cognent plus ou moins agréablement sur cet instrument contondant appelé piano-forte.

Ne pas entendre leurs exercices préalables.

J'avais donc proposé de déporter tous les pianistes dans une île à une petite distance de Paris, à l'île de Clichy, par exemple.

Quand un pianiste voudrait se faire entendre, M. le préfet de police le ferait venir dans un panier à salade, une escorte suffisante l'amènerait à la salle du concert, et, la chose finie, le ramènerait dans l'île. Les navires des canotiers éviteraient cette plage inhospitalière, qui serait indiquée sur les cartes de la Seine.

Je proposais en outre une petite modification : le piano-forte a été appelé assez longtemps piano, — c'est son petit nom, son nom d'amitié, — il me semble qu'il serait temps de l'appeler maintenant *forte*, nom plus justifié par l'usage qu'en font aujourd'hui ceux qui en tapent.

C'était pourtant un charmant instrument sous les doigts de ces Allemands, entre lesquels était mon cher père, que Balzac m'a fait dans le temps la grande joie de citer dans les *Parents pauvres*, ce chef-d'œuvre.

Sauf cinq ou six tout au plus, aujourd'hui, on tout sacrifié à une rapidité que je pardonnerais si on lui devait que ce fût plus vite fini, ce qui n'est pas.

Jusqu'ici je ne m'aperçois pas qu'on mette ce projet à exécution.

Quand on en sera là, je rappellerai un autre progrès relatif à la musique.

Autrefois, les instruments de l'orchestre accompagnaient les voix.

Plus tard, la voix est devenue un des instruments de l'orchestre.

Puis, on est arrivé tout doucement et tout bruyamment à ceci :

Un ténor se place en face du public; il ouvre une large bouche; son col se gonfle; son visage devient violet.

Pendant ce temps-là, chacun des instruments de l'orchestre fait de son mieux pour qu'on ne l'entende pas.

A voir cette bouche ouverte, ces grimaces, ces contorsions, on voit bien que le ténor chante; mais où est sa voix? où sont les sons qu'il émet? Est-ce le trombonne? Est-ce la petite flûte? Est-ce l'ophicléide?

De temps en temps un cri aigu perce le tintamarre, et vous rappelle la voix humaine.

C'est ainsi que devait chanter Marsyas pendant qu'Apollon l'écorchait.

Ainsi, voici la vie d'un chanteur :

Il a de la voix pendant deux ou trois ans, après

ce temps, quelquefois elle lui manque entièrement, comme il arriva à mademoiselle Falcon ; c'est la meilleure chance.

Le plus souvent elle tombe par morceaux ; il faut alors transposer, baisser des passages, supprimer des airs, se ménager, c'est-à-dire ouvrir la bouche sans chanter pendant un acte, pour pouvoir donner une certaine note qui termine l'acte.

Le public qui a joui pendant trois ans d'une belle voix subit les ruines de cette voix pendant dix ans.

Notez que le chanteur, à cette époque de sa vie, empêche d'arriver les voix fraîches, jeunes et vivantes, et les renferme dans des rôles secondaires ; de sorte que quand il sera, lui, tout à fait poussif, son successeur, déjà fatigué, n'aura que deux années à donner au public.

J'ai proposé : ou de ramener l'orchestre à son rôle,

Ou, si l'on veut continuer à remplacer les sons par des bruits, la musique par du tintamarre, de charger M. Sax de fabriquer des ténors en cuivre.

Je sais qu'on s'en occupe.

C'est à M. Verdi que nous devrons cette révolution. — Pardon du mot.

A propos de M. Verdi, j'ai vu jouer l'autre jour à

Nice le *Trovatore*. Il ne m'appartient pas de donner ici mes impressions sur un opéra nouveau, je veux parler d'un incident qui sans doute n'a pas eu lieu à Paris et doit être attribué à l'actrice.

Le deuxième acte s'ouvre par un chœur de marteaux.

La Zingara dormait paisiblement à ce bruit, mais à peine le ténor commençait-il son petit air tendre, qu'elle se réveilla en sursaut, une mélodie de M. Verdi ayant fait ce que n'avaient pas fait quatre marteaux de forge retentissant sur une enclume.

XIX

STATISTIQUE OFFICIELLE DES GENS INTELLIGENTS — SOLLICITUDE DU PAPE POUR SES SUJETS. — DÉCOUVERTE D'UNE PLANÈTE. — ORAISON FUNÈBRE MALADROITE.

Un document officiel publié par le ministère du commerce constate, avec joie je le suppose, qu'on ne compte en ce moment, « dans tout l'Empire : »

Que 37,662 aveugles,
75,063 borgnes,
29,512 sourds et muets,
44,970 fous.

C'est-à-dire que, — à l'exception du nombre de 187,207 habitants qui ne voient pas du tout ou voient mal, n'entendent pas ou ne peuvent pas parler, ou sont fous ou idiots,

Tout le reste de la France, c'est-à-dire près de 33 millions et demi, voit, entend, juge parfaitement bien, et parle comme vous et moi.

Les deux millions et demi de sujets du gouvernement papal viennent de recevoir de lui une preuve de touchante sollicitude. On sait la fertilité de la vigne dans les États de l'Église; on a toujours pensé que c'était l'effet d'une bénédiction particulière. Quoi qu'il en soit, cette année, les ceps ont été un peu moins bien bénis; la quantité sera médiocre, mais la qualité excellente. Le gouvernement pontifical vient de rendre un décret par lequel il est défendu d'exporter une goutte de vin. Ceux de ses sujets qui, entraînés par la malveillance, se figurent qu'ils ont des chagrins et des ennuis, pourront ainsi ne pas y penser, et trouver, à un prix raisonnable, de la joie, de l'oubli et de la gaieté en bouteille.

Quand je disais que le procédé pour découvrir des planètes était fort simple, quand je disais qu'il suffisait d'avoir le nez en l'air à un moment donné, quelques savants et plusieurs autres m'écrivaient des lettres sévères et me reprochaient amèrement d'admettre pour les planètes ce qui est admis hypothétiquement pour les étoiles, à savoir : qu'il est des étoiles si éloignées de nous, que, depuis la création du monde, quoique leur lumière, comme toute lumière honnête le doit, ait fait correctement et régulièrement ses trois cent dix mille deux cents kilomètres par seconde, cette lumière n'est pas encore parvenue jusqu'à nous.

J'ai maintenu, nonobstant ces lettres, qu'il suffisait d'avoir le nez et la lunette en l'air, au moment où l'astre devenait visible, pour l'apercevoir le premier.

La découverte des planètes est quelque chose de simple que François Arago conseillait aux jeunes gens pour se mettre en vue. C'est un conseil qu'il n'est pas impossible qu'il ait donné à M. Leverrier, dont il a été le protecteur.

Si je n'espérais pas convertir tout le monde à mes idées à ce sujet, il était quelqu'un qu'il n'était pas probable surtout d'y voir convertir. Ce quelqu'un, c'est M. Leverrier lui-même.

Eh bien! à une des dernières séances de l'Académie, cet homme blond a annoncé la découverte d'une trente-huitième planète par M. Goldsmith, *peintre et astronome amateur.* — Je viens de citer les paroles de M. Leverrier.

Il faut que mes adversaires choisissent un des deux termes de ce dilemne :

Ou M. Leverrier n'est pas plus fort en astronomie qu'un peintre, un charcutier ou un joueur d'orgue de barbarie,

Ou il n'y a qu'une bonne fortune de hasard à découvrir des planètes, et alors M. Leverrier, pour justifier sa renommée, s'empressera de faire autre chose que d'avoir découvert une planète.

Depuis mon séjour à Nice, je rencontrais quelquefois, dans la rue de la Croix-de-Marbre (via della Croce di Marmo), un jeune homme dont la physionomie intelligente et expressive avait attiré mon attention. Je le trouvais toujours à la même place, assis au soleil. Je finis par causer avec lui. C'était le beau-fils du peintre Hamer, dont j'aurai à parler dans une de mes lettres, peintre distingué lui-même, élevé en Italie, mais arrêté dans une carrière brillante par une inexorable maladie.

J'ai rarement entendu une conversation aussi intéressante ; il était fort instruit ; quand son mal l'empêchait de peindre, il lisait. Mais son cerveau n'était pas un de ces cerveaux gloutons qui ne digèrent pas ; le sien s'assimilait promptement les connaissances acquises, et en nourrissait un esprit très-hardi et très-original.

Avec un corps débile et presque détruit, c'était un des hommes les plus vivants que j'aie rencontrés. Il aimait passionnément toutes les belles et grandes choses. Il parlait de l'amour, du soleil, de la mer, des arbres, du ciel, de la poésie, de la liberté, comme un grand poëte. Un beau reflet, un ton riche ou harmonieux sur un nuage, sur une feuille, sur un papier, l'enivrait de joie.

Sur le banc, ou de son lit où la souffrance le clouait, pourvu que la fenêtre fût ouverte ou que le soleil le vînt voir à travers les vitres, il se donnait des concerts, des harmonies de couleurs dont il parlait de la façon la plus attachante.

— J'ai en apparence une existence bien misérable, disait-il. Je n'ai plus de corps que bien juste de quoi en souffrir horriblement. Eh bien ? la nature est si belle que je voudrais bien ne pas mourir et regarder toujours.

Il est mort il y a quelques jours, et je l'ai accompagné au cimetière.

Il était protestant, ce que je n'ai su qu'au moment de son enterrement, à cause de quelques variations dans la forme de la funèbre cérémonie. Eh bien! des prêtres catholiques qui passaient à côté du convoi, suivi par un père en larmes et des amis affligés, un seul a soulevé son chapeau, et il a promené ensuite autour de lui un regard inquiet; les autres s'arrêtaient, regardaient, sans donner aucun signe de respect ni pour le mort, ni pour la douleur de ceux qui le suivaient.

Il est vrai que l'année dernière le convoi d'un Vaudois mort fut insulté et assailli de pierres par la populace, et qu'un évêque demanda ensuite qu'il fût retiré de la terre du cimetière. Je vous en ai parlé en ce temps-là. Je suis loin de supposer que les prêtres catholiques instruisent le peuple à ces actes sauvages et barbares; mais peut-être ne l'instruit-on pas assez à la charité et au respect des morts.

Au champ du repos, le pasteur fit un discours où, après un juste éloge du mort, et des marques vraiment chrétiennes de confiance entière dans la miséricorde divine, il émit quelques regrets évidemment tempérés par le respect de la douleur des assistants, sur les incertitudes qu'avait conservées, sur certains dogmes, Octave d'Albuzzi, jusqu'au dernier moment d'une vie où l'intelligence ne s'était pas affaiblie lentement comme la lumière d'une lampe qui manque d'huile, mais s'était éteinte tout entière avec le corps, comme la lumière d'une lampe que l'on brise.

Néanmoins, dit-il, nous ne devons pas douter de la miséricorde de Dieu, qui est infinie.

Non, messieurs, nous ne devons pas en douter, nous ne pourrions en douter sans douter de sa justice et de sa puissance.

Mais je n'aurais pas pensé, moi, à promettre la miséricorde, je l'aurais constatée.

Octave Albuzzi, toi qui viens d'être délivré de la prison douloureuse de ton corps par la miséricorde divine, tu as été un grand artiste, c'est-à-dire un élu du petit nombre de ceux que le Créateur convie aux perpétuelles et magnifiques fêtes de la nature, un de ceux pour qui la lumière, la brise, les arbres, la mer, le ciel, ont des harmonies et des langages que ne voient pas et n'entendent pas les autres hommes. Va-t'en maintenant là où ton âme vivait déjà, toute retenue qu'elle était par les chaînes ou chair souffrante, va-t'en voir face à face le Dieu que tu entrevoyais là où le vulgaire ne voit que des nuages et des brouillards; ce Dieu dont tu voyais l'empreinte dans une feuille d'arbre, dont tu voyais la grandeur dans un brin d'herbe, le regard dans un rayon de soleil, la voix dans le bruit des eaux et des cimes vertes.

Pendant que ton corps, rendu à la terre, va se mêler à l'herbe, aux feuillages, aux fleurs, ton âme va se fondre dans ce beau soleil par lequel elle se sentait si puissamment attirée. Tu vas devenir, dans le sein de Dieu, tout ce que tu aimais, tout ce que tu admirais, tout ce qui faisait ta joie et te faisait oublier tes douleurs.

Non, Dieu ne passe pas son éternité à écouter aux portes de nos maisons ce que nous disons de lui.

Ceux-là qui admirent ses œuvres, ceux-là qui ne trouvent de beau que ses œuvres, dédaignent les fausses richesses et les fausses gloires, ne sont ni rapaces, ni envieux, ni méchants; ceux-là sont plus près de Dieu que les autres hommes; ceux-là sont les élus.

XX

MURIERS BLANCS ET MAGNOLIAS

La bourde relative au mûrier blanc commençait à disparaître; je savais bien qu'elle serait remplacée par une bourde équivalente, mais je ne savais pas laquelle.

La bourde relative au mûrier blanc consistait en ceci :

Tous les ans quelqu'un écrivait aux journaux une lettre signée : *Un agriculteur*. On y signalait une plantation de mûriers blancs dans un coin quelconque, et on faisait suivre cette heureuse nouvelle de vœux ardents, lyriquement exprimés, sur l'acclimatation de cet arbre qui produit la soie.

J'avais beau rappeler que, dès 1600, Olivier de

Serres avait planté quinze mille mûriers blancs dans le jardin des Tuileries, qu'on commençait à planter; j'avais beau citer des mûriers plus que centenaires couvrant une partie de la France, cela n'empêchait pas la bourde des mûriers de revenir l'année d'après, comme reviennent les cailles et les hirondelles.

Le passage a pourtant manqué cette année.

La bourde des mûriers ne reviendra peut-être plus; mais elle est remplacée par la bourde des magnoliers, qui débute en ce moment, et qui ne la laissera pas regretter.

On lit dans plusieurs journaux, dont les rédacteurs, malgré le nom de « feuilles » qu'on leur donne, ne sont pas obligés d'être agriculteurs, et doivent accepter des renseignements d'ailleurs, à cause d'une habitude qu'une femme reprochait aux forêts et aux prairies d'être à la campagne au lieu d'être à Paris, où on irait plus volontiers les voir;

On lit donc dans plusieurs journaux :

« On s'occupe activement des plantations à faire le long de l'avenue de l'Impératrice, et l'on *y tente un essai* des plus intéressants au point de vue de l'acclimatation sous la température de Paris.

» On vient de placer à l'entrée du bois de Boulogne quatre magnifiques magnoliers à grandes fleurs. »

Suit une description copiée avec quelques légers changements dans le *Bon Jardinier* :

« Originaire de la Caroline, le magnolier est un des plus beaux arbres que l'on connaisse, et *il atteint une grande hauteur ; il ne se dépouille jamais de ses feuilles, et de juillet en septembre* il se couvre de fleurs très-odorantes, d'un blanc pur, à étamines d'*or*, qui n'ont pas moins de 18 à 22 centimètres de *longueur*. Les fruits de ce végétal se présentent réunis en cônes dont les graines, d'un rouge de corail, se détachent suspendues à l'extrémité de longs *filaments*. »

Le Bon Jardinier.

« Magnolier à grandes fleurs, de la Caroline ; arbre de 30 mètres *dans son pays* et l'un des plus beaux que l'on connaisse ; *toujours* vert.

» *De juillet en novembre*, fleurs de 18 à 22 centimètres de *diamètre*, très-odorantes, à pétales d'un blanc pur, à étamines d'un jaune doré.

» Fruits réunis en cônes, dont les graines, rouge vif de corail, se détachent en restant suspendues par de longs *filets*. »

» Il est vivement à souhaiter que l'essai dont il s'agit réussisse, car on comprend combien de pareils végétaux pourraient ajouter à l'agrément de nos promenades, qu'ils pareraient trois mois de l'année de fleurs admirables. »

Cette phrase est due sans collaboration à la *Minerve de l'Horticulture*, correspondant des journaux.

Avant de répondre à ce vœu, voyons un peu si les changements apportés à la rédaction du *Bon Jardinier* sont suffisamment heureux. J'aurais beaucoup de petits et un gros reproches à faire à cette publication, et je les ai énoncés ailleurs ; mais cette fois il a raison contre son imitateur, à l'exception de la suppression de l'—, un des plus beaux arbres, au lieu de l'un des plus beaux arbres. Ce n'était qu'une faute de français, et elle a été remplacée par une faute d'agriculture.

C'est le *Bon Jardinier* qui a raison sur le premier point, quand il dit que cet arbre ne devient très-grand que dans *son pays*. Les plus grands que j'ai vus ailleurs ne dépassent pas vingt-cinq ou trente pieds.

Il a encore raison quand il dit que c'est un arbre *toujours vert ;* mais ce n'est pas à dire pour cela qu'il ne perde pas ses feuilles ; les arbres verts en perdent tous les ans une partie.

C'est en réalité de juillet en novembre, pendant quatre mois au moins, que le magnolier donne ses fleurs, et non pas de juillet en septembre.

Si le rédacteur de la note voulait absolument remplacer « étamines d'un jaune doré » par « étamines d'or, » il fallait qu'il empruntât à son enthousiasme assez de souffle pour soutenir sa métaphore, et remplacer également « fleurs d'un blanc pur » par « fleurs d'argent ; » mais surtout il ne fallait pas remplacer la mesure du diamètre par celle de la longueur, surtout quand il s'agit d'une fleur ronde qui n'a pas une *longueur* distincte et différente de la largeur.

Filet est un terme de botanique, *filament* est un terme de fantaisie.

Cette petite chicane terminée, il me reste à combler les vœux de l'auteur de la note. Je ne sais si *cet essai hardi* des quatre magnolias à la porte Dauphine réussira, et je dirai tout à l'heure la raison de mes doutes ; mais je puis affirmer que l'acclimatation du magnolia est un fait accompli depuis longtemps. Pour ma part, j'en avais planté un dans mon jardin de la rue de la Tour-d'Auvergne, où je demeurais encore en 1840, et qui avait résisté à l'hiver de cette année où le prince de Joinville ramena en France les cendres de Napoléon, hiver si rude, où plusieurs personnes moururent de froid; ce qui prouve que le magnolia est au moins aussi acclimaté que l'homme à Paris. Il y en a plusieurs déjà très-beaux dans les belles cultures de MM. Pepin et Neumann, du Jardin des Plantes. J'en ai planté il y a quinze ans en Normandie, qui avaient déjà, en 1851, douze pieds de hauteur; et j'en voyais un par-dessus mon mur qui avait plus de vingt-cinq pieds, et avait été planté trente ans auparavant.

Si je n'affirme pas que *l'essai* réussira pour les quatre magnoliers du bois de Boulogne, c'est que l'on a parfaitement tort de les planter en cette saison; le printemps est beaucoup plus favorable, ainsi qu'on aurait pu s'en convaincre lorsqu'on en a planté, il y a quelques années, également en hiver, devant le Louvre, du côté de la Seine, et qui ont perdu presque toutes leurs feuilles.

Si les magnoliers et les autres arbres à feuilles persistantes sont plantés trop tôt, les autres sont plantés trop tard; les praticiens sérieux savent tous aujourd'hui que la transplantation des arbres doit être faite avant le sommeil extérieur complet de la séve.

Il est donc très-clair que si l'on veut transplanter des magnoliers en saison favorable et avec certains soins, ce sera un arbre de plus que les Parisiens, qui ne respectent pas grand'chose, à ce que me disait l'autre jour un voyageur qui revient de Paris, auront à mutiler et à gâter.

XXI

LES BREVETS D'INVENTION. — LA POSTE
AUX LETTRES.

Il est question, dit-on, de reviser de nouveau la loi sur les brevets d'invention. L'ancienne loi ne manquait pas d'éléments bizarres.

Par exemple :

Pour obtenir un brevet d'invention, il suffisait autrefois d'en faire la demande et de verser une somme convenue.

Il n'y avait aucune commission chargée d'examiner votre demande et de vous avertir si un brevet avait déjà été pris pour le même objet.

Moyennant une somme de quinze cents francs, vous pouviez mettre sur une enseigne : « Un tel, breveté du roi, vend des pommes de terre frites ou des bretelles incombustibles. »

Le gouvernement paraissait être ainsi le complice, le compère, le pitre d'une foule d'industries dont quelques-unes étaient médiocrement honnêtes.

Les *Guêpes* ne furent pas étrangères à l'adoption d'une mesure qui dépassait de beaucoup ce qu'elles avaient demandé.

On continua à n'exiger des inventeurs d'autre preuve que celle qu'ils avaient quinze cents francs, mais on les contraignit d'ajouter à la mention de leur brevet ces mots : *sans garantie du gouvernement*, que l'on écrit hiéroglyphiquement *s. g. d. g.*

De sorte que le gouvernement disait sur les enseignes :

« Je brevète monsieur, mais si j'ai un conseil à vous donner, c'est de vous méfier de lui. »

C'était peut-être remplacer un abus par un autre ; c'était d'ailleurs anéantir le brevet et non l'amende.

Cependant on ne tarda pas à admettre dans la loi une réforme utile.

On eut l'air de penser que, la loi admettant des circonstances atténuantes en faveur des assassins, des empoisonneurs et des parricides, il serait peut-être juste d'en admettre également en faveur des inventeurs et d'abaisser de quelque degré la pénalité qui les concernait.

En effet, tout inventeur était frappé, sous le titre de brevet, d'une amende de quinze cents francs. On avisa que la peine dépassait peut-être le forfait, du moins pour quelques-uns, moins coupables que les autres ; on décida que l'inventeur désormais payerait toujours quinze cents francs, mais les payerait par annuités, pouvant chaque annnée continuer de payer ou renoncer à son brevet.

De telle sorte que, sans s'en douter, la loi semblait faire logiquement et implicitement la distinction que voici :

« L'inventeur doit être puni ; l'amende est donc maintenue.

» Mais il est bon d'établir une différence entre l'auteur criminel d'une invention réelle ou utile, et l'auteur innocent d'une fausse invention inapplicable et inutile. »

Par la nouvelle loi, en effet, celui qui, après expérience, renonçait à son brevet pour le café à la crème et le pavé translucide, en était quitte pour deux ou trois cents francs d'amende ; tandis que celui qui avait fait une invention réelle, sérieuse, utile, payait l'amende tout entière, jusqu'au dernier sou ; il n'y avait pour lui ni circonstances atténuantes, ni recours en grâce.

Cela soit dit sans manquer au respect qui est dû à toute loi non abrogée, et en s'y soumettant, comme il est juste de le faire; mais simplement pour montrer les inconvénients qu'elle peut avoir et en provoquer l'amélioration, ce qui n'est pas un moindre devoir.

J'ignore au reste les modifications récentes qui auraient pu être apportées depuis trois ans à la loi du brevet.

S'il était question en réalité, comme l'annoncent quelques journaux « habituellement bien informés, » de reviser la loi des brevets, je pense que l'on prendrait en considération les points que voici :

1° Une bibliothèque et un catalogue, des bibliothécaires et des examinateurs pour éclairer les inventeurs ou soi-disant inventeurs sur la réalité de leurs inventions ;

2° Une grâce entière faite aux inventeurs sérieux ; plus d'amendes pour eux, mais au besoin protection et assistance.

Parlons un peu de la poste aux lettres.

Il y a depuis bien longtemps, entre la direction des postes et le public, un quiproquo qui a au moins assez duré.

Le public voudrait que la poste fût déclarée responsable, non pas de toutes les valeurs qui lui sont *confiées*, mais de tout ce qu'il plaît au public de mettre, renfermer et quelquefois cacher dans les lettres. — D'autre part, la poste prétend n'encourir aucune responsabilité, si ce n'est dans le cas où l'argent lui est confié en dehors de la lettre, en échange duquel elle donne un bon sur un autre bureau à la destination de la lettre.

Examinons un peu la situation :

Vous jetez sournoisement, sans rien dire, une lettre dans une boîte aux lettres. Cette lettre est égarée, perdue, *détournée*.

La poste, qui en a entrepris le transport moyennant un salaire, doit remettre votre lettre à sa destination ou vous indemniser.

Jusque-là le public a bien l'air d'avoir raison. Continuons :

Supposons que la poste vous dise : « Vous m'avez confié une lettre que, moyennant finance, je me suis obligée à remettre à telle destination ; la lettre n'est pas parvenue. Je dois vous rendre la lettre ou sa valeur, son équivalent en argent ; que vaut votre lettre ? »

Le public répondrait alors :

« Ma lettre ne vaut rien du tout, c'était une banalité sans importance : papier deux centimes ; enveloppe, deux centimes ; encre, cire et usure de la plume, un centime ; total, un sou. »

Ou bien : «Ma lettre valait un royaume ; je l'adressais à une maîtresse chérie, qui, désespérée de ne pas la recevoir, n'a trouvé de consolation que dans l'infidélité.

» Ci : un royaume. »

Ou, ce qui est pis : « Ma lettre vaut huit mille francs. J'y avais mis huit billets de mille francs de la Banque de France. Rendez-moi mes huit mille francs. »

Or, comment constater la présence de la lettre dans une des boîtes de la poste ? Comment constater la présence des huit mille francs dans cette lettre ?

La poste pourrait répondre : « Ce serait avec plaisir que je vous rendrais les huit mille francs placés, dites-vous, dans la lettre qui, selon vous, a été *détournée*. Prouvez-moi seulement qu'il y avait huit mille francs dans votre lettre, et ensuite qu'elle a été mise à la poste. »

Et le public aurait tort à ce point de vue.

Mais la poste n'a pas raison, parce que ce n'est pas ainsi qu'elle répond ; elle se contente de nier la responsabilité.

Je pense, au contraire, qu'elle est théoriquement responsable, mais qu'elle évite en fait cette responsabilité par l'impossibilité de constater la réalité et l'importance de la perte.

La direction des postes a conseillé de *recommander* les lettres qui pourraient inspirer quelque sollicitude. Par cette précaution, la lettre particulièrement surveillée à chaque bureau par lequel elle passe, ne peut être livrée qu'aux propres mains du destinataire.

Malheureusement cette précaution, excellente dans certains cas, est nulle et parfaitement dangereuse dans ceux contre lesquels on l'emploie. La lettre, par ses cinq cachets et d'autres détails, est désignée aux soins des employés probes, il est vrai, mais en même temps à l'activité des *détourneurs*. Il n'y a donc qu'un parti à prendre, et la poste vous l'indique : « Donnez-moi votre argent, je vous donnerai en échange deux papiers roses dont l'un, envoyé à votre correspondant, devient une sorte de billet de banque dont tout bureau de poste lui donnera la valeur en argent, et dont l'autre vous servira de reçu et assurera le remboursement si le premier se trouve perdu. La lettre étant recommandée, d'ailleurs, vous ne courez plus aucun risque. »

Pourquoi alors tout le monde n'emploie-t-il pas ce procédé?

Je vais vous le dire:

Parce que les droits perçus par la poste pour cette opération de banque sont beaucoup trop élevés, selon nous.

Je ferai une question à ce sujet:

Qu'est-ce que la poste?

Est-ce un impôt?

Est-ce une spéculation de banque?

Est-ce un service public?

La poste a été instituée comme service public. Le monopole du transport des lettres peut être un bénéfice pour le trésor, mais ce monopole ne peut exister qu'autant que l'administration présente toutes les garanties, adopte toutes les améliorations que pourraient présenter et adopter des entreprises particulières.

La garantie et la responsabilité de la direction des postes seraient au-dessus de toute comparaison avec celles que pourrait présenter une entreprise particulière ; mais cette responsabilité, elle a le tort de la nier ; elle a seulement raison de la décliner, parce que, dans presque tous les cas où elle est indiquée, il n'existe jusqu'à présent aucun moyen de contrôler l'assertion des plaignants.

Il serait donc juste que la poste, dont nous reconnaissons d'ailleurs le zèle progressif et l'excellent vouloir, sacrifiât un peu de ses intérêts de banque à la sécurité des lettres qui lui sont confiées comme entreprise de transport.

Il faudrait que le port de l'argent par la poste fût abaissé jusqu'à un droit très-faible.

Alors on ne verrait plus le public s'exposer, pour frauder ce droit, à perdre les sommes mises clandestinement dans les lettres et faire en vain des réclamations qui ne peuvent être admises, faute d'un moyen de contrôle.

La poste y perdrait quelque chose comme maison de banque, qu'elle ne doit pas être, mais elle y gagnerait beaucoup sous le rapport de la sécurité et de la responsabilité comme service public, qu'elle est et qu'elle doit être.

XXII

LES TABLES TOURNANTES

Les tables tournantes, les esprits frappeurs, excitent toujours beaucoup de controverses. Ceux qui ne croient pas accusent les autres de crédulité; ceux qui croient reprochent aux incrédules de manquer de fluide.

Les tables tournent-elles? Les tables ne tournent-elles pas?

La question vient d'être décidée par une autorité presque infaillible, par une autorité quasi-œcuménique. Plusieurs évêques ont décidé qu'elles tournent, qu'elles parlent et qu'elles prédisent l'avenir.

En effet, monseigneur Félix, évêque d'Orléans, qui a défendu le premier à ses ouailles de consulter les tables tournantes, a eu des imitateurs ; d'autres évêques se sont joints à lui et ont publié des mandements à ce sujet.

Or, il est évident que si ces savants prélats ne considéraient les tables tournantes que comme un jeu puéril ou une mystification, ils ne prendraient pas la peine de faire des mandements contre elles, pas plus qu'ils n'en font contre les toupies et les affaires de tout genre. — Ils pensent donc que les tables tournent en réalité et prédisent l'avenir. — Ils pensent que les tables ont le diable au corps, et que c'est le malin esprit qui se loge dans ces meubles autrefois honnêtes.

Eh bien ! je me permettrai de faire observer à messeigneurs les évêques, auteurs de ces mandements, qu'il était impossible de rien imaginer de plus propre à confirmer et à augmenter la vogue des tables tournantes.

La seule chose qui pût leur faire du tort était de démontrer une supercherie, de prouver que ceux qui consultent les tables tournantes sont mystifiés, — d'établir que les tables ne tournent pas, ou qu'elles tournent sous une pression adroitement dissimulée. Mais affirmer qu'elles tournent, — reconnaître qu'elles recèlent le diable, — c'est accroître leur clientèle, c'est assurer leur vogue, c'est leur faire des convertis, des dévots, des cagots, — c'est les traiter en culte dont elles seront à la fois et l'idole et l'autel.

Comment ces prélats ne comprennent-ils pas l'imprudence de leurs mandements, eux qui savent mieux que personne combien de gens professent dans leur cœur le culte du malin? — C'est lui permettre d'ouvrir boutique. Que dis-je? c'est l'y aider.

En effet, parmi les prières louables, ne peut-il pas s'en glisser quelques-unes qui, adressées en apparence à Dieu, ne sont faites en réalité que pour l'esprit des ténèbres?

— Je parle de celles qui auraient pour objet :

D'hériter bientôt d'un parent riche;

De gagner un procès injuste,

De détourner de ses devoirs la femme de son prochain;

D'appeler un malheur sur la tête de quelqu'un, même sur celle des hérétiques.

A coup sûr, ces prières ne montent pas au ciel; le poids de leur grossièreté les entraîne vers l'abîme où Satan les reçoit et les exauce volontiers.

Quand les femmes vont à l'église pour montrer

leurs robes neuves et critiquer les robes des autres femmes ; quand elles s'agenouillent en donnant à leur taille et à leurs formes la grâce et les attitudes les plus capables de fixer l'attention des fidèles de l'autre sexe ; quand, tout en priant Dieu, elles ne négligent rien pour le faire oublier, croyez-vous que ces prières, même dites en latin, parviennent jusqu'au trône de l'Être suprême ?

Non, non. Toutes ces prières sont triées et vannées par les anges qui planent au-dessus des églises ; ils prennent les prières impures, les prières seulement marmottées des lèvres, les prières contre le prochain, les prières hypocrites, et les rejettent comme de viles épluchures que le diable ramasse.

Quand un homme donne à sa femme des conseils contre un homme en particulier, c'est se créer un rival. — Il n'est pas plus prudent de dire : « N'allez pas là ; là est Satan ; là est le danger ; » à moins qu'on n'ait l'intention de combler une bonne fois l'enfer.

XXIII

SUR LA TOILETTE DES FEMMES

Une femme disait à son mari qui lui avait pardonné bien des légèretés, mais qui se fâchait à la fin assez sévèrement :

— Mais enfin, vous vous fâchez pour une bagatelle, vous m'avez pardonné plus que cela, et encore n'était-ce pas bien criminel.

— Madame, dit-il, une cruche a beau être grande, elle a toujours un fond.

J'ai entendu dire : il faut garder une femme juste le temps de tromper votre prédécesseur ; un instant de plus, c'est votre tour d'être trompé.

Lorsque j'étais enfant je me rappelle fort bien que les jeunes filles ne valsaient pas et que les jeunes femmes ne valsaient guère; — l'usage avait voulu tempérer ce que la valse a de voluptueux en n'en permettant l'exercice qu'avec de vieilles femmes à turban. Et cependant il y avait bien loin de la valse, surtout telle qu'elle était alors, à la valse d'aujourd'hui et aux diverses schotisches, redowas, etc., que dansent sans scrupule, non-seulement les femmes, mais les jeunes filles. La danseuse et son cavalier entrelacés seraient un étrange spectacle s'il était exceptionnel, si tout le monde n'y était acteur. La danse du Château-Rouge, de Mabille, de la Chaumière s'est introduite dans les salons.

De même il aurait paru monstrueux qu'une jeune fille se montrât décolletée; ce n'était que pour les femmes mariées qu'il était exact de dire : « Moins on est vêtue, plus on est habillée. »

Et cela avait deux raisons : pour quelques-unes on diminuait le danger de ces exhibitions qu'en ne les permettant qu'à des attraits mûrs; pour d'autres on se disait: « Ces attraits ont un maître légal qui peut, selon sa munificence, permettre ou défendre qu'on les expose aux regards. » — Mais la jeune fille doit attendre la volonté d'un inconnu.

Rien ne trompe comme l'habitude; telle femme qui se montre placidement à moitié nue à cent personnes, jetterait, en rougissant, un fichu sur ses épaules si son mari la surprenait chez elle à moitié aussi décolletée qu'elle l'est au bal.

Si un homme se montrait sans cravate, on crierait à l'inconvenance. — Je me rappelle une époque où mes tantes m'avaient à peu près chassé de chez elles parce que je n'avais pas adopté la cravate à carcasse de baleine que l'on portait alors. Mes tantes, qui se décolletaient comme les autres femmes, avaient déclaré indécente l'habitude que j'avais de porter les cravates comme on les porte aujourd'hui.

Dans un bal, les hommes sont le sexe timide, le sexe décent, comme ils y sont le sexe faible, car ils sont toujours les premiers fatigués.

Quelques femmes se décollettent avec une audace singulière; il serait difficile de dire où s'arrêtera une femme qui se sait un joli signe.

Pour beaucoup la décence commence où finit la beauté.

Si encore les femmes seules qui ont de belles épaules s'avisaient de les montrer, cela ne serait qu'inconvenant; mais celles-là exigent, sous prétexte de mode, que les maigres, que les décharnées, que les obèses en fassent autant : de sorte qu'en général un salon offre non-seulement un aspect peu décent, mais encore parfaitement désagréable. L'excès, à cet égard, est tel, qu'il serait impossible d'imprimer ici la description de ce que montrent les honnêtes femmes, les femmes du monde, et que ces mêmes femmes jetteraient cet écrit avec indignation et en rougissant, si je m'avisais de l'essayer.

Il y a une femme que j'ai vue deux fois, et voici dans quelles circonstances :

La première fois, elle était encore fille, elle avait dix-huit ans, elle était jolie et bien faite, elle allait épouser huit jours après un vieillard malade, méchant, sot, riche, il est vrai, mais avare, la plus triste des pauvretés. Pour me montrer poli, je dus joindre mes félicitations à celles qu'elle recevait de toutes parts.

Dernièrement, comme je devais la rencontrer, on m'avertit qu'elle venait de perdre son mari, ce même mari méchant, sot et avare. Elle était libre et riche. Pour être encore poli, il me fallut lui dire que je prenais part à sa douleur, et vraiment cette douleur devait être bien petite pour qu'on pût en faire plusieurs parts. Il me fallut l'engager à mettre des bornes à son désespoir.

La politesse consiste souvent à laisser croire aux autres qu'ils nous attrapent.

—

Les femmes se trompent facilement à ceci : — elles confondent la galanterie et l'amour; — elles ne reconnaissent les diamants que lorsqu'ils sont taillés, c'est-à-dire diminués et rognés par le lapidaire. On ne dit bien que l'amour qu'on n'a pas. — Il vient un moment où on tire un grand parti, près des femmes qu'on n'aime pas, de ce qu'on disait si mal ou de ce qu'on ne disait pas du tout à la femme que l'on a aimée.

Une femme dit d'une autre qu'elle est légère, imprudente, adultère; elle laisse percer qu'elle pourrait bien avoir empoisonné son mari. — J'entends : cela veut dire que ce monstre a reçu de Paris un chapeau neuf très à la mode et qui lui sied bien.

Le vulgaire se connaît peu en beauté. — Je parle ici de la beauté même des femmes. — Les femmes qui n'ont pas beaucoup de conscience en fait de beauté veulent plaire, et s'arrangent pour être belles de la façon qui est à la mode du moment.

Mettez en présence une femme très-belle, mais ayant la conscience et le génie de la beauté, c'est-à-dire ne permettant à la parure que de jouer le rôle d'un « accompagnement » qui ne couvrirait pas la voix du chanteur, et, d'autre part, une de ces femmes agréables, mais d'une beauté malléable, complaisante, d'une de ces beautés où la nature n'a rien trop accusé ni trop fini : jamais la première n'aura aux yeux du vulgaire le succès de la seconde. Celle-ci, en effet, se transforme à son gré, ou plutôt au gré de la mode régnante. Elle met ses hanches où elle veut, sa gorge où on la met. Sa taille sera courte ou longue, suivant que son journal de modes lui apportera l'ordre. Elle a peu de cheveux ; elle place ceux qu'elle ajoute comme il convient, et aura la coiffure adoptée. Pour la pauvre femme naïvement belle, naïvement bien faite, elle ne peut modifier ainsi sa beauté. Ses cheveux souples, abondants, élastiques, les ondulations harmonieuses de son corps, toutes ses formes, fermement, résolûment et noblement à leur place, ne lui permettent pas d'obéir à la mode. Elle aura ce qu'on appelle en littérature « un succès d'estime, » mais elle n'entendra pas autour d'elle, dans les salons, ce bourdonnement admiratif que fait entendre l'essaim d'abeilles autour de la reine reconnue. Elle n'aura sa beauté tout entière que pour les connaisseurs, pour les artistes qui n'acceptent ni des chiffons ni du crin pour de la femme.

Mais — vingt ans se sont écoulés, — regardez les portraits des deux femmes : la première a repris son rang ; l'autre fait sourire les femmes qui ont remplacé les ridicules de ce temps-là par d'autres ridicules.

Il est à remarquer que la beauté des femmes dure de quinze ans à trente, c'est-à-dire que leur influence cesse au moment où leur vient la raison.

FIN

TABLE

	Pages.
Dédicace : A Jeanne.	1
Préface.	3
I. — Roses noires.	11
II. — Roses noires.	25
III. — Roses noires.	35
IV. — Roses bleues.	49
V. — Roses bleues.	67
VI. — Roses bleues.	81
VII. — Roses bleues.	89
VIII. — Roses noires et Roses bleues.	107
IX. — Roses noires et Roses bleues.	137
X. — Roses bleues.	143
XI. — Roses noires et Roses bleues.	159
XII. — Roses noires et Roses bleues.	183
XIII. — Roses noires et Roses bleues.	195
XIV. — Roses noires et Roses bleues.	205
XV. — Il faut rendre à l'agriculture sa place et son rang.	221
XVI. — Un monsieur ridicule.	239
XVII. — Réjouissance.	255
XVIII. — Un pianiste est-il un bienfait. Un pianiste est-il un fléau.	261
XIX. — Statistique des gens intelligents. — Sollicitude du pape pour ses sujets. — Ce qu'il y a de mérite à découvrir une planète. — Une oraison funèbre maladroite	271
XX. — Mûriers blancs et Magnolias.	281
XXI. — Les brevets d'invention.	291
XXII. — Les tables tournantes.	303
XXIII. — Sur la toilette des femmes.	309

Clichy. — Imp. Paul Dupont et Cie, rue du Bac-d'Asnières, 12.

www.ingramcontent.com/pod-product-compliance
Lightning Source LLC
Chambersburg PA
CBHW070529160426
43199CB00014B/2230